KB160924

대한민국 개국 100주년을 기념하여 복간한

우리의 고전과
옛 교과서 629책

참빛영인총서

우리의 고전과 옛 교과서 629책

초판인쇄 2018년 6월 25일
초판발행 2018년 6월 25일

지은이 참빛아카이브
펴낸이 채종준
기획 · 저작권 김한영
디자인 홍은표
마케팅 송대호

펴낸곳 한국학술정보(주)
주 소 경기도 파주시 회동길 230(문발동)
전 화 031-908-3181(대표)
팩 스 031-908-3189
홈페이지 http://ebook.kstudy.com
E-mail 출판사업부 publish@kstudy.com
등 록 제일산-115호(2000. 6. 19)

ISBN 978-89-268-8481-2 93910

〈우리의 고전과 옛 교과서〉의 총수량(629책)은 변함이 없으나, 최종 결과물에서 각 집별 대상자료 중 일부 (1% 내외)는 같은 시기의 다른 자료로 바뀔 수 있습니다.
복간본 전집은 빠르면 2018년 말, 늦어도 2019년 초반기에 실물을 공급할 예정입니다.
〈우리의 고전과 옛 교과서 629책〉 전집을 구매하는 기관 혹은 대학에 한해 웹 DB 열람 서비스를 제공하여 드립니다. 다만, 저작권에 저촉되는 일부 자료의 열람은 부분적으로 제한될 수 있습니다.

1446년 집현전의 『훈민정음』에서부터 1742년 교서관의 『동몽선습언해』와 1969년 문교부의 『국어1-1』까지

시기 | 과목 | 학교급 | 학년급 | 발행주체 | 정규학교 교재 · 사회교육 교재 |
전통교과서 · 신식교과서 · 근현대교과서 | 국정 · 검인정 · 민간교과서 | 학습참고서가 망라된

우리의 고전과
옛 교과서 629책

"대한민국 임시정부 수립 및 개국 100주년을 기념하여 새로 629책을 복간하니,
……
날로 활용함에 널리 유익하게 하고자 할 따름이니라"

목차

기획자의 말   6

복간본 629책 구성의 개관   22

일러두기   27

목록 및 서지사항

제1집 조선시대   39

제2집 대한제국기   53

제3집 일제강점기   83

제4집 해방~한국전쟁   107

제5집 한국전쟁 이후 시기   137

구입안내   159

기획자의 말

'내 맘 속의 교과서:'

대한민국 개국 100주년을 맞아
민족의 고전과 옛 교과서 629책의 영인복간본을 상재하며

이 총서(참빛영인총서)는 우리 글자로 비로소 우리 뜻을 능히 펼 수 있게 되었던 조선 전기부터, 두 세대 이전의 시점까지 발행 · 사용된 우리의 고전 교육자료 및 옛 교과서 629책을 대상으로 한 영인 복간 작업의 결실이다. 구체적 역사 시간으로는 1446년부터 1969년까지, 500년 남짓의 기간에 해당한다.

이 시기, 가장 중요하고 근본적인 변혁은 민의 자각, 백성의 깨우침이다. 계몽, 곧 대중의 정신적 · 문화적 삶을 아프게 짓누른 미몽과 무지의 혁파는 군주의 나라 조선과, 황제의 나라 대한'제국'을 이은, 국민의 나라 대한'민국'의 정립으로 이어졌다. 천부의 권리와 소명을 일깨우지 못했던 이름 없는 사람들이 전근대의 신민에서 근대의 시민으로 거듭 나면서 역사의 주인으로 우뚝 설 수 있었던 것도 지식과 정보의 대중적 공유와 이에 힘입은 자기인식이 없었다면 불가능한 위업일 터다.

그 저변에서는 세계사적 변혁이라는 외부 환경의 요인과 함께, 우리 안에 내재된 여러 사회경제적 원인을 꼽을 수 있을 것이나, 나는 그 원동력이 가르침과 배움에 대한 공동체의 갈망과 실천에서 비롯되었다고 믿는다. 지난 반천년 긴 시간의 터널을 헤쳐 오는 동안 우리에게 주어진 시련을 극복하고, 그 도정에서 맞닥뜨린 도전들에 능동적으로 대응할 수 있었던 것도 모두 가르침과 배움, 익힘과 행함, 곧 교육의 역행(力行)에서 그 힘의 원천을 찾을 수 있기 때문이다.

제도 교육의 미덥지 못한 기제(機制)에 대한 비판적 시각이 상존하는 것도 사실이다. 일제강점기와 그 이후 상당한 기간 동안 학교는 국민을 찍어낸 공장이었다는, 국가주의적 교육 체제에 대한 회의적인 인식이 그것이다. 이러한 문제제기의 이면에는, 교과서가 이 공장을 효율적으로 가동시킨 기계와 부품에 지나지 않았다는 인식이 깔려 있음은 물론이다. 그럼에도 불구하고, 근대기 이래 민이 자기정체성을 확립하게 한 것은 교육이요, 그 교육을 실현한 튼실한 토대는 교과서였다고 해도 과언이 아니다. 특히 전통 사회의 동몽학(童蒙學) 교과서는 천시(天時)와 인시(人時), 문채(文彩)와 물채(物采)의 현묘한 조화가 빚어내는

"천하문명"(天下文明: 천하가 빛나고 밝다)을 추구한 교육의 이데아를 어린 학동들에게 육화하게 한 현실태였다는 점에서, 옛 교과서는 우리에게 거룩한 성전(聖典)이자 규범적 정전(canon)과 다를 바 없다.

그런 의미에서, 민족문화가 생산해 낸 고전적 교과서들의 변천과 추이를 긴 호흡으로 되새기는 일은 실로 감회가 무량한 체험이 아닐 수 없다. 여기 마침내, 그중 희소성과 대표성을 담지한 629종을 선별하여 복간본으로 세상에 내놓으니, 영인의 대상이 된 원본 자료들의 수집자이자 작업의 총괄 책임자인 나로서는, 소회가 남다를 수밖에 없음이 지당하다 하겠다.

*

이 작업이 본격 착수된 시점은 2014년 말 무렵이다. 지난 십수 년에 걸쳐 스러져가는 과거의 교육자료들을 수집해 온 나는 훨씬 이전부터 그 필요성을 절감하고 있었다. 다수 대중이 쉽게 접하기 어려운 이 자료들을 누군가 복간해서 널리 유포·확산시키는 것이 마땅하다고 확신하고 있었다는 의미다. 오늘날의 한국인을 길러낸 마르지 않는 수원이자 신성한 묘상(苗床)인 우리의 옛 교과

대상자료 629책 중 제1·2집에 속한 자료 일부의 영인복간본 실물 사진.

서가 학술적, 문화적, 역사적 측면에서 충분히 '되새기고 기억할만한 가치'를 지녔다고 여긴 까닭이다. 그러할진데도 나는 선뜻 나서지 못하고 망설였다.

선인들이 갈망한 교학상장과 학이시습의 흔적을 고스란히 담고 있는 전 시기, 전 과목의 교과서들을 선별해서 영인본으로 제작하는 일은 막대한 시간과 숙련된 인력이 요구되는, 실로 방대한 작업이다. 한 권 한 권 숱한 손길이 요구되는 작업의 공정 자체도 내게는 버거운 일이었지만, 무엇보다, 이를 위한 경비의 해결 방도가 마뜩치 않았다.

뜻밖의 계기가 찾아왔다. 이 해가 저물 즈음, 나는 한 광역교육청에서 설립 추진 중인 교육박물관에 소장자료의 일부를 기증하겠다는 입장을 표명했다. 아울러, 박물관을 개관하면 사용할 체험용 복제본의 제작이 필요하다는 의견도 전달했다. 해당 교육청은 우리의 옛 교과서들이 누구나 자유로이 이용

해야 하는 '공공저작물'이라는 점을 감안하여 이를 흔쾌히 받아들였다. 그간 일반인이 쉽게 접근할 수 없었던 이들 교육용 자료를 전문연구자를 포함한 다수 대중이 널리 공유해야 마땅하다는 당위를 양자가 공감했기 때문이다.

돌아보면, 지난 수십 년간 과거의 서책들에 대한 영인 복간이 숱하게 이루어져 왔다. 대부분『훈민정음』이나『용비어천가』,『두공부시언해』처럼 국가나 지자체가 지정한 문화재급 서지들 위주였다. 교육자료(교과서)의 영인은 그리 사례가 많지 않다.

내 기억으로는, 옛 교과서들을 대량 영인하여 널리 공유하게 한 선구는 개화기의『보통학교학도용국어독본』8권7책(영본),『조선역사』3권3책(완질)를 포함한 국어, 수신(윤리), 역사 과목의 교과서 수십 종을 추려 총 20권 전집으로 묶은『한국개화기교과서총서』(1977)가 아니었던가 싶다. 단색 인쇄인 데다가, 대상 자료를 특정 시기에 국한했고, 대부분 단장(單張)의 선장(縫裝)본이거나 일부는 자루매기 방식의 접장본(摺張本)들인 원본의 개별적 특성을 무시한 채 여러 책을 동일한 규격으로 합철해 하드커버로 마감한 문제를 드러내긴 했으나, 반세기 이전 시점의 성과로는 특기하기에 족한 개가였다.

1980년대 중반에는, 조선총독부 편찬의『조선어독본』,『국사』,『산술서』,『가키가타데혼(書き方手本)』,『이과서』,『도화첩』,『수신서』,『농업서』,『창가집』,『체조교수서』,『국어독본』,『지리보충교재』등 일제강점기의 보통학교에서 사용한 대부분 과목들의 교과서들이 영인 재발행되기도 했다. 실물대 규격을 적용한 단행본 형태를 갖추긴 했으나, 이 역시 단색 인쇄본인 데다가 강점기의 교과서만을 대상으로 했고, 그 발행 주체 또한 일본의 출판사(あゆみ出版)였다는 점에서 아쉬움을 떨칠 수 없다.

이즈음 들어서는, 몇몇 민간출판사에서 주로 국어(조선어) 과목 중심의 영인 자료를 수록한 연구서 시리즈물을, 단색에 동일 규격으로 합편하여 간행하기도 했다. 개중에는 현상 복원 방식으로 원색을 구사하여 단행본 형태로 영인 복제한 사례도 있으나, 이 역시 그 품질이 기대를 충족시키기에는 다소 미흡하다. 그 밖에, 정신문화연구원(현 한국학중앙연구원)을 포함한 공공기관과 대학, 재단, 연구소, 도서관, 박물관 등 여러 주체들에 의해 혹간에 이와 유사한 자료들의 영인이 이루어지기도 했지만, 대상본이 대체로 특정 과목이나 시기에 국한되었고, 개별 자료의 형태서지학적 특성은 제작의 편의에 밀려 희생되기 일쑤였으며, 그 종수 또한 소수에 그쳤다.

『한국개화기교과서총서』이래 최근에 발행된 영인본들까지 가장 결정적인 한계로 지적될 부분은, 독자 대중이 지식정보화 사회의 유익한 공기인 온라인에서 접근할 수 없다는 점일 것이다. 기존의 영인본들 대부분은 모바일을 포함한 인터넷 열람 서비스가 제공되지 않은 탓에, 이들 원전 자료를 다수 대중이 시간과 공간의 제약 없이 공유하고 연구자료로 활용하는 일이 원천적으로 불가하기 때문이다.

선장본 186책을 포함하여 조선 전기에서 2세대 이전인 1960년대까지 발행·사용된 옛 교과서 629책의 영인. 게다가, 모든 책이 실물대 규격의 독립된 책자 형태를 유지하고 고유색을 구사하여 원본의 모습을 있는 그대로 원색으로 재현한 영인 복간은 사실 유례를 찾기 어려운 획기적 작업임이 분명하다.

629책 전집은 시대의 흐름을 좇아,

조선시대 (제1집, 66책),
대한제국기 (제2집, 158책),
일제강점기 (제3집, 123책),
해방공간과 한국전쟁기 (제4집, 164책),
정전에서 1969년 (제5집, 118책)

까지 총 다섯 개의 범주로 구분했다.

대상본의 학교급은 현행 학제 기준 초·중·고등 과정으로 제한했다. 과목은 전 영역을 아우렀다. 대체로 한자학습서이거나 훈몽 수신을 주제로 한 통합교과 형태를 취한 전통교과서 외에도, 학과 편제가 틀을 갖춘 개화기 이래의 국어과, 산술(수학)과, 사회생활과, 역사·지리과, 과학과, 실업과, 예체능과, 외국어과의 교재들을 두루 대상으로 삼았다. 일부에 지나지 않지만 『고등조선어급한문독본석자주해』와 같은 학습참고서, 『속성주산독습』과 같은 자습독학서, 강점기의 충청남도에서 발행한 『속성조선어독본』과 같은 문해용(文解用) 사회교육교재도 포함되었다. 대상 자료들의 학년급은 저학년 교과서가 다수를 차지하지만, 고학년이 사용한 것들도 상당수 포함되었다. 학교급도 고려했다. 현행 학제에 의하면, 초등 교과서 대비 중·고등 과정의 교과서가, 초등 교과서 위주로 구성된 제5집을 예외로 하고, 얼추 7:3 가량의 구성비를 갖췄다.

이로써, 지난 반천년에 걸쳐 전개된 한국교육사 전 과정의 흐름과 양상을 한눈에 살필 수 있는 자료의 대표성은 물론, 구성의 다양성까지 아울러 담아내고자 했다. 시대의 추이를 따라 5개의 범주로 구분한 데다가, 표지와 간지를 포함하여 평균 지면이 100쪽 남짓한 분량에 지나지 않을지라도, 영인 복간본 총 629책은 기획자나 사용자 모두에게 부담스러운 수량임이 분명하다. 그러나 500년이 넘는 장구한 시간 동안 발행·사용된 옛 교과서들을 시기·과목·학년급·학교급을 헤아려 치우침 없이 각

시기별 성격과 특징을 드러내고, 발행주체나 사용용도까지 아울러 고려하여 소홀함이 없이, 균형을 갖춘 하나의 전집을 이루기 위해서는 각 집별로 일정한 자료 수량의 구성이 불가피했다. 사실을 말하면, 만지작거리며 아쉬움을 떨쳐내야 했던 옛 교과서들이 적지 않았으나, 수량을 늘리지 않기 위해 최대한 자제해야 했다.

대상 자료들은 전통교육 교재와 근현대기의 신식교과서로 대별된다. 근대기 신·구 교육과 그에 따른 교과서 구분의 획기는 대체로 1895년을 기점으로 삼는다. 1894년 9월 최초의 근대식 초등교육기관인 관립교동소학교가 설치된 데 이어, 이 해에 접어들어, 고종과 학무아문[학부]이 〈교육입국조서〉와 〈한성사범학교관제〉, 〈소학교령〉의 제정 공포를 통해 이른바 '보통교육'을 천명하면서 새로운 학제의 성립 계기를 마련했다. 이어서 학부가 전통교과서와는 편제와 내용이 차별되는, 소학교용 『신정심상소학』, 『간이사칙문제집』, 『조선지지』 등의 새로운 교과서들을 펴내기 시작했다. 따라서 신구 교과서를 경계짓는 제1집과 제2집은 이러한 변화를 반영하는 것이 마땅하나, 여기서는 편의를 좇아 대한제국이 성립된 1897년을 집간(輯間) 구분의 기점으로 삼았다.

「삼강행실도」(065) 제4a장 '고어도곡(皐魚道哭)'도가 수록된 지면의 보정 전후 비교 사진

제1집에는 『훈민정음』解例本·例義本, 『동국정운』6卷6冊中卷首, 『훈몽자회』2卷1冊完 등, 이미 고전 서목의 반열에 굳건히 자리를 차지한 문헌들이 다수 포함되었다. 이것들은 전통사회의 교육용 교재인 동시에, 선인들이 유산으로 남긴 우리 민족의 위대한 고전이기도 하다. 민족의 문화(文華)와 인문정신을 드높이는 데 크게 기여한 이 서지들 일부를 문화재청이 국보·보물 등 국가문화재로 지정한 것도 그런 연유에서다. 현존 유일본이거나, 동일본을 찾기 어려운 희귀본들인 이 서지들은 선인들이 희구한 교육의 가치와 의미를 핍진하게 담아내고 있을 뿐 아니라, 전통사회의 교육적 환경을 헤아려 살필 수 있는 값진 자료들이다.

오늘날의 시각으로 보면 사회교육교재라고 할 수 있는 교화 · 감계용 도해본(圖解本)들인 『삼강행실도(三綱行實圖)』全나 『오륜행실도(五倫行實圖)』5卷4册中卷4, 『불설대보부모은중경(佛說大報父母恩重經)』全도 여기에 담았다. 『계몽편언해(啓蒙篇諺解)』나 『사자소학(四字小學)』과 같이 후대인 대한제국기나 일제강점기에 판본으로 인출 발행되었으되, 맥락을 살펴 전통교과서로 분류되어야 할 자료들 일부도 제1집에 분류했다.

자료의 수량이 가장 많을 뿐 아니라, 기획자가 각별히 관심을 기울인 시기는 대한제국기(제2집)와 해방공간~한국전쟁기(제4집)다. 각각, 덧없이 짧은 기간이었을뿐더러, 실패와 좌절로 점철된 시대의 불운을 민족공동체 구성원 모두가 온몸으로 감내해야 했지만, 우리의 근대사에서 그 어느 때보다도 심장이 격렬하게 박동치던 시기였기 때문이다.

제2집에는 대한제국이 성립된 1897년부터 제국이 쇠망한 1910년까지 광무 융희 연간의 교과서가 무려 150여 책이 포함되었다. 개항 이래의 개화기까지 아우르면 170여 책을 헤아린다. 신식 학교는 물론이고, 서책을 대량으로 인쇄할 수 있는 길이 열린 활판인쇄기의 도입도 오래지 않은 데다가, 대한제국은 불과 13년 남짓의 단명 제국이었다. 이런 사정을 고려하면, 우리의 영인본이 이 시기에 발행된 교과서의 반절에 채 미치지 못할 것으로 추정된다고 할지라도, 결코 적지 않은 수량임이 분명하다.

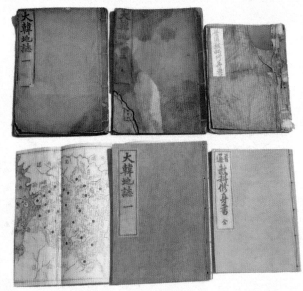

제2집에 포함된 『대한지지』 권1 권2(132, 134), 『보통교과수신서』(123)의 원본과 영인복제본.

이들 자료에는, 여기에 포함된 『노동야학독본』의 권두 삽화가 웅변하듯, 사람은 모름지기 배워야만 한다는 갈망이 아로새겨져 있음은 물론이다. 가르침과 배움의 목표는 민족의식의 고취와 신지식의 체득이다. 당대의 지식인 저술가인 장지연 · 안종화 · 현채 · 원영의 · 유옥겸 · 박정동 · 지석영 · 유길준 · 주시경을 비롯한 교과용 도서의 집필 · 편찬자들과, 박문서관 · 휘문관 · 광학서포 · 동광서국 · 보성관 · 유일서관 · 흥사단(동문관) · 국민교육회 · 학부편집국 주변에서 활동했던 개화기 지식인 집단의 지향과 비원이 무엇이었는지 넉넉히 헤아릴 수 있다는 점에서 이들 교과서의 발행이 시사하는 바가 적지 않다.

이 시기의 교과용 도서들은 일본 자료들을 대본으로 삼아 역술한 것들이 상당수에 달한다. 또한 재조선 일본 통감부의 설치를 전후한 시기에는 통감부에 의해 촉탁·용빙된 일본인들이 편찬 작업을 주도했고, 검열과 통제, 불온서적의 낙인과 판금도 심했다. 그러한 시대적 한계에도 불구하고, 이 시기의 교과용 도서들에서는 세계사적 흐름에 동참하고자 했던 개화기 지식인들의 인식과 열망을 넉넉히 헤아릴 수 있다.

이 자료들에는 조선 어문에 관한 개화기의 연구 성과를 담아 내거나 조선과 세계의 역사와 지리를 다룬 것들이 상당수에 달하긴 하나, 그에 못지않게 산학·이화학·천문·박물·지문(地文)·생리·위생 등 자연과학 분야에서도 적지 않은 교과서들이 선보였다는 점 또한 이 시기의 도드라진 특징이다. 이 전집에 포함된 개화기의 자료들은, 부역의 몹쓸 논리와 친화 관계를 이룬 세력을 중심으로 종종 우리 내부에서조차 회의적인 시각이 존재하는, 자력 근대화의 가능성을 가늠해볼 수 있게 한다. 그런 측면에서, 복간된 이 시기의 교과용 도서들이 일반 대중은 물론, 전문 연구자들에게도 값지게 활용될 수 있으리라고 확신한다.

제3집으로 묶은 자료들은 일제강점기에 발행 사용된 것들이다. 다른 영역도 다를 바 없겠지만, 옛 교과서를 되새기는 작업에서도 일제강점기는 하나의 딜레마다. 전근대에서 근대로 이행하는 과정에서, 우리 말글로 우리 생각을 펼 수 없게 된 모순적이고 부조리한 단절과 왜곡의 생채기가 도처에 아로새겨져 있기 때문이다. 우리에게 야만적 강제를 가한 일본 제국의 입장에서 보면, 이 시기 조선반도(한반도)에서 시행된, 교과서 편찬을 포함한 일련의 통치 행위들은 자국의 해외 영토에서 이루어진 것으로, 일본사 일본문화의 일부로 여길 수 있다. 이러한 시각을 따르면, 이 시기에 발행된 교과서들은 사용한 언어가 일본어인가 조선어(한국어)인가와 별개로, 우리의 것이 아니라, 일본의 교과서가 된다.

정당성을 인정할 수 없는 '불법단체'인 조선총독부가 편찬한 교과서들을 '우리의 고전과 옛 교과서'의 일부로 수용할 수 있는 것인가도 같은 맥락의 문제다. 가령, 편찬 주체가 동일하게 조선총독부라고 할지라도, 일본어로 쓰인 교과서는 일본의 것이고, 조선어로 서술된 것은 우리의 교과서라고 여기는 태도는 자기기만적 이분에 지나지 않는다.

기획자는, 편찬 주체가 일본 제국의 식민 통치기구이건 조선의 민간이건, 서술된 언어가 일본어건 조선어(한국어)건 이를 가리지 않고, 이 시기에 정규·비정규 교육기관에서 조선인(한국인) 학생들의 학이 시습에 소재가 된 일체의 자료를 '우리의 교과서'로 받아들이기로 했다. '늑약'과 뒤이은 식민통치의 정당성 여부와 무관하게, 이 시기 조선반도에서 이루어진 교육 행위가 숨길 수 없는 우리 역사의 일부

임이 분명하기 때문이다.

제3집의 교과용 도서들에 일본 문부성이나 조선총독부가 펴낸 일어본 교과서들을 일부 대상으로 삼은 것도 이런 연유에서다. 기존의 영인 작업에서는 대개 조선어로 서술된 자료 일색이었다. 잘 알다시피, 당대의 조선인 학생들이 학교에서 사용한 대부분의 교과서들은 일어로 서술된 것들이었다. 조선어가 정규과목에서 수의과목으로 전락한 개정조선교육령(이른바 제3차조선교육령)이 발효된 이후의 시기에는 더욱 그러하다.

사용한 언어만의 문제도 아니다. 가령, 강점기의 조선인 학생들이 교과서로 사용한 일어본 『보통학교국사』는 조선사(한국사)가 아니라, 일본사 일색으로 내용이 서술되어 있다. 이러한 사실을 애써 외면한 채 조선어로 된 교재만을 대상으로 할 경우, 조선총독부와 매국부역자들에 의해 지방어(vernacular)로 격하되었던 조선어가 이 시기 조선인 학생들을 대상으로 한 정규교육에서 보편적으로 사용된 것인 양 착시를 불러올 수 있다는 점에서, 당대의 현실을 오도할 가능성이 있다고 여긴 까닭이다.

제4집은 지속 연한이 7~8년에 지나지 않을뿐더러, 그중 3년은 내전의 혼돈까지 겪은 짧은 기간에 발행된 교과서들을 대상으로 한 것이다. 교과과정의 나눔에서 흔히 '(교수)요목기'라 일컬어지는 시기이기도 하다. 이때의 교과서들은 군정청 학무국(1946년 3월 이후 '군정청문교부'로 개칭)과 정부 수립 이후의 문교부가 편찬을 주도했고, 조선교과서주식회사나 정음사를 비롯한 민간출판사들이 참여하여 펴낸 것들이 대부분이다. 이 시기의 교과서들은 광복에서 한국전쟁으로 이어지는 가혹한 현실 탓에 대체로 지질이 조악하고 인쇄상태도 열악하다.

그럼에도 불구하고, 우리 손으로 새로운 교과서를 펴낸다는 열정과 사명감이 행간에서 물씬 묻어나고, 조국 해방의 감격, 새로운 나라의 설계와 그 원대한 이상을 담아내고자 한 흔적이 곳곳에서 간취된다. 제4집에서 기획자가 각별히 관심을 기울인 교과는 역사(한국사)와 국어, 셈본과 같은 기본 과목의 교과서들이다. 미군정청 경기도학무과에서 4279[1946]년 11월에 발행한 공립국민학교 5·6학년용 『초등국사 임시교재』를 포함하여 이 시기에 속한 18책의 한국사 교과서, 21책의 셈본(산수·수학), 50여 책에 이르는 국어 교과서(교재)들이 제4집으로 영인된 바, 여기에는 희귀본들도 상당수 포함되어 있음은 물론이다.

한국전쟁 이후(1953~1969)의 교과서들이 대상인 제5집을 이 총서에 포함시킬 것인가를 두고 다소 고민스러웠던 것이 사실이다. 개인적으로, 1960년대의 끝머리에 발행된 초등 1학년 교과서들은 49년 전 남녘 바다 절해의 고도에 소재한 국민학교에 갓 입학했던 기획자의 손에 쥐어졌던 '내 맘 속의 교과서'였다. 동시에, 책을 구경하기조차 힘들었던 벽지에서 설레는 마음으로 처음 만져본, 내 생애 최초의 책이기도 했을 만큼 인연이 각별하다.

우리 시대의 교과서라고 해서 교육사 연구자료로서 일정한 학술적 가치를 지니지 않은 것이라고 말할 수는 없다. 그럼에도 불구하고 포함 여부를 두고 고민했던 까닭은, 눈요깃거리와 아련한 추억을 환기시키는 소재로서는 넉넉히 평가할만하나, 현 시점에서 역사적 자료로서 심장한 의미를 찾기는 어렵다고 판단했기 때문이다. 교과과정으로는 제1·2차교육과정기에 속한 이들 교과서들이 우여곡절 끝에 이 전집에 포함된 것은 연구용보다는 체험용·전시용으로서의 가치를 고려한 측면이 있음을 밝힌다.

영인 복제는 가급적 현상 복원 방식을 고수하고자 했으나, 보존 상태가 부실한 일부 자료들은 그러하지 못했다. 저본으로 사용한 629책 원본의 열 중 여덟 아홉은 참빛아카이브의 소장본들이다. 참빛아카이브가 소장하지 못했거나, 원본은 있으되 낙장이 있거나 파장이 심한 일부 자료들의 경우는 〈일러두기〉에서 밝힌 소장처(재)의 자료와 여기서 운영하는 웹사이트에 공개된 디지털이미지를 참조하여 보완했다. 이들 자료 중 일부는 현재 국내외 어디서도 동일본이 확인되지 않는 유일본이거나, 현전본이 극소한 희구본(稀覯本)들이다.

제5집에 포함된 1957년 간행본 『국어』 1-1(512) 교과서의 원본(위)과 영인복간본(아래) 실물 사진(16, 17쪽).

『훈민정음』이나 광주판 『천자문』, 언해본 『어제동몽선습』을 비롯한 조선 전·중기의 전통교과서 중 일부 자료는 해외의 소장처는 물론이고 국내 소장기관의 협조가 없었다면 작업이 불가능했을 것이다. 이들 자료의 이미지는 주로 국립중앙도서관, 국회도서관, 국립한글박물관, 서울대학교중앙도서관, 규장각한국학연구원 등의 소장본을 통해 확보했던 바 이들 기관의 협조와 도움이 감사할 따름이다.

자료의 협조에 인색하거나, 공유를 저어하는 경우도 있었다. 협조에 따른 대가의 지불을 전제하고 간곡히 청해보았지만, 한사코 자료를 남몰래 움켜쥐려고만 하는 개인소장자들에게는, 안타까운 일임이 분명하나 딱히 할 말은 없다. 일부 공공기관의 관계자가 자의적으로 열람복제를 불허하거나, 허용은 하되 원하는 자료 가운데 일부만 복제할 수 있다고 제한을 둔 경우는 사정이 다르다. 공공성의 담보야말로 이들 기관으로서는, 가장 중요한 가치이자 존재이유의 하나이기 때문이다. 이 점은, 일정한 '사회적 책임'을 감당해야 하는 대학도서관이라고 해서 다를 바가 없다.

열람복사 시 자료의 훼손이 우려되는 경우는 불허할 수 있다. 그러나 소장기관이 자체적으로 복제 가능한 자료로 분류한 경우임에도 소장자료를 자신들의 사유물로 여기거나, 자료에 담긴 지식정보를 자신들이 통제할 수 있다고 생각하는 듯한 그릇된 행태마저 종종 간취되기도 했다. 심지어, 세금으로 운영하는 어느 지자체 박물관의 학예사는, 특정 자료를 열람할 수 있느냐는 나의 문의에 대해, '우리가 그 자료를 소장하고 있다는 걸 어떻게 알았느냐, 원래 우리 자료는 (소장 사실까지도) 외부에 잘 공개하지 않는다'는 답변을 내놔 쓴웃음을 자아내게 하기도 했다.

참빛아카이브 소장본을 포함하여 개인이 사비로 구득한 사적 소유물마저도, 일정한 역사적·학술적 가치가 있는 자료는 '공공의 자산'이라고 믿고 있는 나로서는 실로 수긍하기 어려운 태도였다. 예컨대, 소장한 서책의 디지털 이미지를 얻고 싶다는 나의 이메일 요청에 대해 일본의 한 재단은, 의례적일지 모르나 우리 소장품을 이용해줘서 고맙다는 인사와 함께, 군말 없이 전체 지면의 사진 이미지를 CD에 담아 송부해 주었다. 이에 견주면, 국내 일부 공공기관 관계자들이 보인 역사 자산의 공유와 공공서비스에 대한 인식은 적이나 실망스럽다.

*

본격적인 작업이 착수된 이래 가장 먼저 수행한 일은, 발행시기와 수록내용, 대표성과 사료가치 등을 고려한 대상본의 선별과 낙장 파장이 있는 부실하고 미비한 자료들의 보완이었다. 과거 교과서 및 교과용 도서의 발행 현황을 통계화한 자료가 전하는 것은 아니지만, 20세기에 발행된 교과용 도서만도, 해를 달리해 동일한 내용을 그대로 번각(飜刻) 인쇄하거나 삽화를 다시 그린다거나 하는 수준의 개고 내용을 수록해 발행한 것들을 모두 이본으로 간주할 경우, 수만~수십만 종에 이르는 것으로 추정된다. 그 중 대표성과 자료가치를 고려하여 629건의 대상본을 선정하는 작업은 결코 쉬운 일이 아니었다. 그후 이미지를 입력하고 목록과 서지사항을 정리했는데, 여기까지의 작업에 꼬박 2년이 걸렸다. 입력한 이미지를 한장 한장 보정하고 인쇄용 파일로 조판하여 인쇄한 후 최종 제책하는 데까지 다시 3년. 영인복간 작업에 총 5년의 시간이 소요된 셈이다.

629건 대상 자료들은 모두 내가 선정했다. 약식의 서지정보 또한 내가 작성한 것이다. 기재된 서지

해방 직후 시기에 발행된 자료의 지질과 인쇄상태. 왼쪽은 1946년 경기도학무과 임시교재연구회에서 발행한 『초등국사임시교재』(350)이고, 오른쪽은 1947년 문교사가 펴낸 『셈본참고서』(439)의 실물을 각각 디지털 입력한 이미지다. 보존 상태가 비교적 양호함에도 불구하고, 얇고 거친 재생용지를 인출지로 사용한 탓에 뒷면의 글자가 비치고 인쇄된 활자가 흐릿하여 가독성이 떨어진다.

사항에 오류가 없기를 바라지만, 입력과 교정 과정에서 걸러내지 못한 실수가 혹여 있다면 추후 바로잡을 기회가 있기를 희망한다. 포토샵 프로그램을 이용한 이미지 보정은 참빛아카이브가 일부 거들긴 했으나, 한국학술정보 임춘화 과장의 디자인팀이 사실상 전담하다시피 했다. 이 모든 과정은 천신만고—이 한 마디로 압축된다. 처음부터 일의 양을 어느 정도 가늠하고 덤비긴 했지만, 실제 작업 과정은 끊임없이, 비웃듯이, 나의 한계를 시험하곤 했다.

지질이 조악한 데다가 어린 아이들이 매일 같이 만지고 넘겼던 과거의 교과서들은 보존 상태가 부실하기 십상이다. 누습과 충해가 다반사고, 낙장 파장도 빈번하다. 보존 상태가 비교적 양호한 것들도 갈변 황변은 기본이고, 도처에 낙서와 얼룩이 지천인 자료가 태반이다. 이 경우, 사용자가 공부한 흔적은 남겨도 좋을 것이지만, 무의미한 낙서 등 불필요한 요소들은 보정 과정에서 모두 제거해야 했다.

해방 직후의 사가(私家)나 지역, 민간에서 발행한 자료들 일부는 아예 가독이 어려울 만큼 흐릿하게 인쇄된 사례도 없지 않다. 이 시기의 자료들은 파쇄지 원료가 정제되지 않은 채 거칠게 엉킨 데다가 어둡고 생기 없는 칙칙한 색상의 재생용지를 인출지로 사용한 사례도 많다. 그런 탓에, 세심한 손길로 보정 작업을 수행해도 원본의 색감과 질감을 재현하기가 용이하지 않았다. 이러저런 이유로 보정의 과정은 더디기만 했다. 표지가 특히 그러했다. 훼손이 심한 표지 이미지 하나를 보정하여 원형을 복원하는 데에 한나절을 훌쩍 넘기기 일쑤였다.

단면 기준 총 70,000개에 달하는 디지털 이미지를 스캐닝 입력해서, 하나하나 포토샵 프로그램을 이용하여 보정하고, 검수와 후가공을 거쳐 인쇄용 pdf 파일로 조판한 후 인쇄·제책하기까지 어느 과정 하나 녹록치 않았다. 자루매기 방식의 접장본들이 포함된, 일제강점 초기 이전 시기에 발행된 대부분의 교과서들에 적용된 선장(실매기)은 제책 작업 공정이 한층 더 까탈스러웠다. 수량이 상당한 데다가, 일정 부분 자동화 작업이 가능한 호부장(糊付裝: 풀매기)과는 작업 수요의 측면에서 전혀 차원이 다른 전문적인 수작업 공정을 요구하기 때문이다.

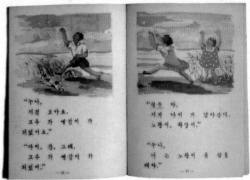

1948년에 발행된 『바둑이와철수』(국어 1–1)(379)의 영인본. 왼쪽은 2015년 모 업체에서 영인한 것이고, 오른쪽은 참빛아카이브가 이번에 상재한 복간본이다. 각각 22, 23쪽의 사진이다.

    우리도 제대로 된 영인본을 가질 때가 되었다. 사료와 유물의 관점에서 보면, 원본 진본이 값지다 함은 삼척동자도 아는 사실이다. 그러나 원본은 사실 그리 흔치 않다. 수천 개소에 달하는 국내의 국·공·사립 도서관, 박물관, 전시관 가운데 여기에 포함된 629책의 원본을 그 일부나마 소장하고 있는 기관이 그리 많지 않은 게 우리의 현실이다. 10여 개소에 이르는 국공립 교육(교과서)박물관이나 국립중앙도서관을 비롯한 몇몇 국가 또는 공공기관, 그리고 일부 대학도서관이나 개인소장자들에게서도 사료가치가 높은 상당한 수량의 교육자료 소장이 확인되지만, 이번에 상재한 629책 교과서 대부분의 실물(원본)을 보유한 경우는 찾아보기 어렵다.

    전통적으로 지식정보의 미디어 역할을 수행해온 서책이란, 그것이 담아 나르고자 했던 내용을 널리 공유하게 하는 것이 본연의 덕목이라고 할 수 있다. 도서관 박물관 등 공공기관이 간혹 실물 원본을 소장하고 있다 할지라도, 대개는 희귀본이나 귀중도서로 분류되어 일반 이용객들이 제약 없이 만져보고 책장을 넘겨볼 기회는 거의 주어지지 않는다. 원본이 있다 할지라도, 그 내용을 직접 살펴볼 수 없다면 수장고의 죽은 유물에 지나지 않는다. 연구용·전시용·체험교육용 영인복제본이 필요한 까닭이다. 각기 실물대 규격의 독립된 책의 형태를 갖추었을 뿐 아니라, 표지를 포함한 전면의 규격과 장황(裝潢), 제본 방식, 지면과 활자의 형태와 색상, 지질의 질감 등에서 원본과 다름없는 영인복간본이 그것이다. 그래야만 연구용은 물론이고, 체험용과 전시용으로 두루 활용할 수 있는, 다양한 수요에 부응할 수 있기 때문이다.

    이런 이유 때문에 애초에 나는, 원본의 분위기를 원색으로 충실히 재현하여 켜켜이 쌓인 세월의 무게까

지 담아내는 수준 높은 영인본들을 만들어 내리라는 목표를 세웠다. 그런 결과물을 기대하기도 했다. 하지만, 제작이 완료된 복간본들을 꼼꼼히 살피니 역시 기획자의 헛된 만용이자, 한갓된 희망사항에 지나지 않았음을 고백하지 않을 수 없다.

『훈민정음(언해본)』(002) 제3a장의 실물 사진이다. 왼쪽은 모 업체에서 제작한 것이고, 오른쪽은 이번에 참빛아카이브와 한국학술정보가 제작한 영인복간본 629책에 포함된 것이다. 왼쪽의 사례처럼 흰색 바탕지에 단색으로 인쇄한 것과 달리, 참빛아카이브 영인본들은 모두 다 전 지면에 걸쳐 원색을 적용하고, 각 자료 특유의 고유색을 충실하게 재현함으로써 옛책이 지닌 멋과 맛을 최대한 살려내고자 했다.

아쉬움도 있다. 예컨대『동국정운』이나『오륜행실도』처럼, 다권본으로 간행된 몇몇 자료들은 복간본 전집의 책수를 한정해야 했거나 소장자의 원본이 영본(零本)인 문제로 인해, 그 권수(卷首) 또는 일부 권만을 따로 떼내 영인의 대상으로 삼았다. 경우가 약간 다르긴 하나, 후대의『보통학교수신서』나『중등교육조

선어급한문독본』등의 자료도 유사한 사례다. 아울러, 개화기 일부 자료를 포함하여 이 무렵 이전 시점에 간행된 대부분 자료의 인출지로 사용된 전통한지(傳統韓紙)를 복간본에 적용하지 못했다. 디지털 원색 복원에 치중한 기술적 문제 등에서 기인한 한계이니 만큼, 그저 이용자의 혜량을 바랄 따름이다.

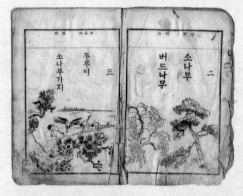

1937년 조선총독부에서 발행한『보통학교조선어독본』권1(275)의 보정 전후 비교 사진. 왼쪽은 보정 전 실물을 스캐닝하여 입력한 원본 사진이고, 오른쪽은 보정 이후의 모습이다.

하여, 지난 반천년간 한국인들의 영혼에 각인된 교육자료의 정수를 모아 629책의 전집으로 마침내 펴내니, 복간을 기획하고 작업을 총괄한 나로서는, 사투를 벌이듯 헤쳐 온 숱한 날들을 되돌아보는 소회가 새롭다. 온라인으로 구성원들이 언제 어디서나 손쉽게 열람하고 연구자료로 활용할 수 있도록 디지털이미지 원본 열람 서비스까지 제공하는 〈우리의 고전과 옛 교과서 629책〉의 영인 복간이 민족문화의 전파 확산과 대중적 공유에 기여하는 바 적지 않으리라 믿는다.

복간한 629책 원본 중 십중팔구의 발행 및 사용 시점이 우리의 개화기와 근대기에 해당한다는 점에 주목하면, 이들 교과서의 행간에는 이 시기에 우리 민족이 감내해야만 했던 역사적 격변과 공동체의 질곡이 고스란히 녹아들어 있다고 할 수 있다. 그 파란만장의 어두운 시간을 넘어 부신 빛을 찾아온 긴 여정에서 풍부한 자양분을 공급한 이들 자료들이 오늘날의 대한민국을 떠받친 정신적 들보로써 기능했음을 부인할 수 없다. 역사라는 광막한 지평에서, 우리의 옛 교과서들은 지나온 반천년을 반추하게 하는 거울인 동시에 가야할 반천년의 이정표이기도 하다. 이 총서의 복간에, 대한제국에서 대한민국으로 이어지는 현대 국가의 법통을 올곧게 세운 1919년 4월 13일을 기려, '대한민국 개국 100주년 기념'의 의미를 굳이 내건 까닭도 그런 연유에서 비롯한 것이다.

*

629책 영인본 복간 작업 전 과정을 총괄한 나로서는 결코 짧지 않은 5년, 인고의 세월을 감내해야 했지만, 도움을 받은 손길 또한 적지 않았다. 아내 장병숙과 대학생 딸 하느는 틈틈이 스캐닝과 파일 정리 작업을 도왔다. 이 작업의 가치와 의미를 알아본 아우(雅友) 김해룡 · 김청 · 정재흠 · 이우현 · 김우수 · 김정원은 물심 양면에서 많은 도움과 격려를 보내주었다.

한국학술정보의 채종준 대표를 비롯한 출판사업부 송대호 부장, 양동훈 대리, 이 도록을 디자인한 디자인팀의 홍은표 대리, 인쇄팀 문광훈 대리의 노고도 내겐 큰 힘이 되었다. 수작업 수요가 많은 제책과정을 함께 한 작업자들 모두와 참빛아카이브의 박세진 이주영 씨도 손을 보탰다. 특히, 해방 이후 자료의 표지 복원 작업을 도와준 이종현 선생, 70,000여 쪽에 달하는 내지의 포토샵 보정 작업을 함께 한 임춘화 과장과 허영화 · 장리훙(張麗紅) · 펑수왠(馮淑媛), 까탈스러운 접장본 보정 작업을 전담한 장상룽(張向榮) 씨를 포함 총 10여 명에 달하는 한국학술정보 소속 디자이너들의 헌신적 도움도 잊을 수 없다. 그저, 두루, 감사할 따름이다.

돌이켜보면, 나로서는 지난 5년 사적 삶을 송두리째 포기하고 매달린, 긴 시간과 숱한 공력이 소요된 신산한 과정이었긴 하되, 이 복간 작업이 결코 한 사람의 노력으로 이루어진 것이 아님을 새삼 깨우치게 된다.

영인복간본을 본격 선보이기에 앞서 도록으로 먼저 인사드리는 이 아침.
독창적이고 독자적 문자인 '훈민정음'을 창제하여 민족정신의 자주와 독립을 구현하고, 민초들을 무지의 고통으로부터 해방시키고자 했던 그 큰 어른의 그윽한 일성이 새삼 곱씹힌다.

'이런 전초로, 참빛영인총서 629책을 복간하니 … 날로 활용함에 널리 유익하게 하고자 할 따름이다.'

복간본의 이용자들과 이 뜻을 함께 새기고 더불어 나눌 수 있다면 복간 작업의 기획자이자 책임자인 나로서는 지상의 영광이자, 지복이 아닐 수 없다.

대한민국 임시정부 수립 및 개국 100주년을 앞두고

참빛아카이브 대표
김한영 삼가 씀.

복간본 629책 구성의 개관

• 조선 전 · 중기의 전통 교육 교재

'백성을 가르치는 바른 소리'의 창제 동기와 제자 원리를 풀이한 『訓民正音』해례본과 언해본[例義本]/全/1400년대 중반

한자의 표준음을 최초로 한글로 표기하여 '나랏말의 바른 소리'를 정립하고자 한 운서(韻書)『東國正韻』6卷6冊中卷首1冊/1448

한글로 훈과 자음을 새긴 백수문(白首文) 판본 중 현존 최고본으로, '광주천자문' 계열에 속한 오구라분쿄[小倉文庫] 소장의 『光州版』千字文』全/1575

세칭 '석봉천자문' 계열에 속한 것으로, 한호가 판하본(板下本)을 필서하고 숙종이 서문을 쓴 갑술중간본 『御製千字文』全/1694

최세진이 1527년에 지은 것으로, 훈민정음 자모의 이름과 발음을 최초로 활자화하여 중세 국어 연구에 값진 자료로 평가받는 『訓蒙字會』3卷1冊 全/1613

조선시대의 대표적인 산법[수학]교과서로 널리 학습된 『新編算學啓蒙』3卷3冊 完帙/1690

"출어아동방(出於我東方)"의 초학자용 한자 학습서 『類合』全/조선후기판과, 유희춘이 이를 증보하여 펴낸 『新增類合』2卷1冊 全/1576

영조가 직접 서문을 짓고 교서관[芸館]에 하명해 간인한 7행15자본 『御製童蒙先習』諺解本/全/1742

「여계(女誡)」, 「여논어(女論語)」, 「내훈(內訓)」, 「여범첩록(女範捷錄)」 등 과거 대표적인 여성 교육용 교과서였던 네 편의 저작을 언해하여 합편한 『女四書諺解』4卷3冊中卷1(女誡)卷2(女論語)2冊/1737

고대 중국의 17왕조사에 송사와 원사를 더한 것으로, 중국 역사 이해의 길라잡이 역할을 한 전통적인 역사교과서 『十九史略諺解』諺解本/2卷2冊中卷頭2冊/1772

부유(婦幼)의 교화 · 감계를 위해 삼강오륜의 의미와 가치를 그림과 글로 풀이한 전통적인 사회교육 교재인 『三綱行實圖』諺解本/全/조선중기, 『五倫行實圖』諺解本/5卷4冊中卷4/조선후기, 『佛說大報父母恩重經』諺解本/全/조선후기

근대 이전 초학자의 필수 교과서 역할을 한 '소학'과 '논맹'(論孟) 이서(二書) 언해본의 각 권수본 조선후기

• 조선 후기

다산이 유배지 강진에서 어린 학동들을 가르치기 위해 '유형천자', '무형천자' 2편으로 나눠 찬술(撰述)한 것으로 알려진 '열수선생원본(洌水先生原本)'의 『名物小學』 全/1800년대 후반

외국인을 위한 조선어 학습교재로, 조선 말기 조선 파견 선교사나 외교관들의 조선어 학습 교재로 활용된 *Manuel de la Langue Coréenne Parlée à L'usage des Français* 『프랑스인을 위한 조선어 회화 교본』/全/1889

신사유람단의 일원으로 농상공부 협판을 지낸 정병하가 조선의 농업 전통에 서양의 신지식을 접목하여 근대 농학의 요체를 서술한 『農政撮要』 3卷1冊 全/1886

구한말 조선을 찾은 외국인 교사가 조선 학생들을 위해 집필한 순한글 신식교과서 『스민필지』 士民必知 全/한글본/1889와 학부의 한역본 『士民必知』 全/1895

조선과 세계의 지리에 관해 오횡묵이 저술하고 대한제국 학부에서 펴낸, 개화기 지리교과서의 효시로 꼽히는 『興載撮要』 全/1893

• 갑오개혁 이후

한글로 저술한 최초의 국어 문법서로, 우리나라의 공식적인 어문, 즉 '국문(國文)'으로 격상된 우리 말글의 '바른 이치[正理]'를 역설한 2종의 『국문정리』 國文正理/全/1897

> 『훈민정음』 「서문」 · 「예의(例義)」편 일부와 「뇌 노라를 싱극ᄒᆞᆫ노뤼(내 나라를 생각하는 노래)」가 수록된 판본(이규대편집본),
> 「자서(自序)」가 권수에 보이고 권미에서 관허(官許)저작의 권리를 주창한 판본(이봉운저작본)

• 개화기의 신식 교과서

국민교육회 편찬의 『初等小學』 8卷4冊 完帙/1906 et al., 장지연의 『녀ᄌ독본』 女子讀本/2卷2冊 完帙/1908, 주시경의 『國語文典音學』 全/1908과 『國語文法』 全/1910, 유길준의 『勞動夜學讀本』 全/1908과 『大韓文典』 全/1910, 안종화의 『初等大韓地理』 全/1909, 현채의 『幼年必讀』 2卷2冊 完帙/1907, 노병희의 『녀ᄌ소학슈신셔』 女子小學修身書/全/1909, 정약용의 『兒學編』 全/1906, 밀러부인의 『초학디지』 Elementary Geography初學地誌/全/1906, 유근이 저작하고 장지연이 교정한 『新撰初等歷史』 3卷3冊 完帙/1910, 일문본(日文本)으로 된 이과 교재들을 각각 역술(譯述)한 『天文學』 全/1908, 『高等小學理科書』 4卷4冊中卷1~3/1908, 『中等生理學』 全/1907, 대한제국기 고등중학과 전문예비과의 교과서로 편찬된 『法學通論』 全/1908, 한성사범학교에서 교유(敎諭)한 독립운동가 이상설 역편(譯編)의 수학교과서 『算術新書』 2卷2冊 完帙/1900

• 개국 건양 광무 융희 연간

대한제국 학부에서 펴낸 『디구략론』 地球略論/全/c.1895, 『新訂尋常小學』 3卷3冊 完帙/1896, 『朝鮮歷史』 3卷3冊 完帙/1895, 『簡易四則問題集』 全/1895, 『國民小學讀本』 全/1896, 『中等萬國地誌』 3卷3冊 完帙/1902, 『티셔신ᄉ』 泰西新史/24卷2冊 完帙/1897, 『普通學校學徒用國語讀本』 8卷8冊 完帙/1907 et al., 『普通學校體操敎授書』 全/1910, 4권4책으로 구성된 최초의 근대식 미술교과서 『圖畵臨本』 4卷4冊 完帙/1908 et al., 대조선개국 504년에 학부에서 신간(新刊)한 최초의 근대적 한국지리 교과서 『朝鮮地誌』 全/1895와 세계지리 교과서 『小學萬國地誌』 全/1895

• 대한제국기

관립무관학교에 지청천 · 김좌진 장군이 재학했을 당시 교재로 사용한 것으로, 무관학교 간인(刊印)의 수진본 교련교과서 『戰術綱要』 全/1907

• 일제강점기

　음악교과서『新編唱歌集』全/1913, 가사교과서『朝鮮裁縫全書』全/1924, 대구공립보통학교 소장인이 찍힌 농업교재『蠶業指南』全/1912, 조선총독부에서 발행한 보통학교 생도용『修身書』全/1924,『普通學校朝鮮語讀本』다이쇼 연간의 8卷8冊, 쇼와 연간의 6卷6冊 完帙/1911 et al.,『簡易学校朝鮮語讀本』2卷2冊 完帙/1937, 여자 고등보통학교용 조선어교과서『女子高等朝鮮語讀本』4卷4冊 完帙/1928 et al., 주시경의 수제자 김두봉이 약 관 27살의 나이에 집필한 한국어문법서『조선말본』1916, 접장 선장본으로 발행된 강점 초기의 초등교과 교재『初學捷勁』2卷2冊 完帙/1912 과 한글 글쓰기 체법 교재인『언문톄첩(諺文體帖)』2卷2冊 完帙/1917, 조선 후기 이래 널리 사용된 전통교과서로 목판본으로 방각(坊刻) 인행(印行)된『啓蒙萹諺解』全/1917와『四字小學』全/1936, 보통학교 여생도들의 가사실업과 교과서인『初等裁縫』1943, 경성사범학교 훈도 심의린이 편찬한 보통학교 학생들의 학습사전인『조선어사전』1930, 주로 과학 영역을 주제로 한 자습용 부독본 인『科外讀本』1923

• 해방공간 미군정기

　공립국민학교에서 사용한 임시교재『초등잇과』初等理科/1946, 군정청 경기도 학무과에서 펴낸『초등국사임시교재』1946, 해방 후 국민학교 첫 입학생을 위한 종합교과 교과서『가정과학교』학생용과 교사용/1946, 문맹 퇴치를 위한 사회교육 교재『한글첫걸음』1945, 5년제 구제중학교의『신생국어교본』1946, 조선교육연구회가 발행한 교육잡지『조선교육』창간호/1947, 전남교육회가 발행한『겨울공부』1947, 국민학교 1학년 1학기 산수교과서『초등셈본』1947, 임시교재로 발행된 해방 후 최초의 공립국민학교 1·2학년용 음악 교과서인『초등노래책』1946 과 경남초등교육회가 발행한 국민학교 음악교과서『노래공부』1949

• 대한민국 정부수립 이후

발행된 미술교과서『초등공작』1948, 체육위생 교과서『보건공부』1949, 국어교과서『바둑이와철수』1948·1950, 조선 나비의 연구에 일생을 바친 석주명 집필의 중등학교용『중등과학생물』1947, 한국전쟁 발발 직전에 발행된『초등모범전과』1949

• 한국전쟁기

국민학교 1·2학년용 전시 부독본『탱크』1951, 한국사 교과서인『우리나라의발달』1952, 현행 학제인 6-3-3년제로 초·중·고등학교 편제가 바뀐 직후 나온 신제중학교의『중등국어』1951

• 한국전쟁 이후

이념교과서『반공독본』1954과 이승만 우상화가 두드러진『애국생활』1955, 교수요목기 이후 도입된 사생과 교과서『이웃나라의생활』1955, 국민학교 3학기용 교과서『자연공부』1956, 국민학교용 보충교재『사회생활부도』1959, 여자용 실업과 교과서『실과』1959

• 5·16군사정변 직후

『혁명기념방학생활』1961 과 제2차교과과정에 의거한 교과서『바른생활』1963 ,『미술』1962 ,『국어』1969 ,『자연』1964 ,『사회』1966 ,『산수』1963 ,『음악』1962,『승공』1966 에 이르기까지 총 629책.

일러두기

一. 개화기 이전 조선조에 발행된 교육자료들은 사실 교과서라기보다 넓은 의미에서 우리 민족의 고전이라 할 수 있다. 본 총서에는 이들 중 널리 활용되었거나 역사적 · 학술적 가치가 높은 자료들을 위주로 추렸다. 정규학교 교육 체제가 자리잡은 개화기 이래의 자료는 원칙적으로 교과 과정에서 사용한 교과서들 위주로 영인 복간 대상 자료를 선별했으나, 혹간에 『과외독본』과 같은 부교재, 『국어생활』과 같은 학습참고서도 소수 포함되었다.

一. 시기 구분은 해당 자료의 원전이 형성되어 널리 사용된 시점을 기준으로 했다. 『(校刊)柳氏諺文志』나 『正蒙類語』처럼 후대에 공간된 자료일지라도, 내용상 변개가 거의 없거나, 있다고 해도 개고 수준이라고 보기 어려운 자료들은 그 원전 또는 원간본이 속한 시대를 쫓아 분류한 경우도 있다. 다이쇼 14[1925]년 간행본을 저본으로 한 『算學通編』을 제2집에 포함시킨 것도 같은 경우다.

一. 『十九史略諺解』와 같이, 분량이 많고 분권되어 있는 일부 자료의 경우, 제책의 불편과 사용자의 편의를 고려하여 권차에 따라 분책한 사례도 있다. 과거에도 중간이나 복간 과정에서 제책의 편의에 따라 왕왕 있던 일이었기 때문에 용인될 수 있다고 본다. 역으로, 『中等數學』 3처럼, 제1류와 제2류로 본시 분책 발행되었으나, 본 복간총서에서는 이를 합책한 경우도 있다.

一. 목록에 보이는 자료의 명칭은 예외 없이 전체 제명(full title)을 사용했다. 표제지의 제명 앞에 저작 주체가 따로 표시되어 있거나, 부가 설명, 또는 판차가 나타난 경우 이를 소자로 ( ) 안에 담았다. 권차나 부제가 표시되어 있거나, 학년 학기가 나뉘는 경우 이를 표제 뒤에 부기했다(『초등국어 1~2 (학교와들)』 / 『(學部編纂)普通學校學徒用國語讀本』 卷七 / 『(新編)高等朝鮮語及漢文讀本』 卷一 / (訂正再版)普通學校國語讀本 卷一 / 『노래공부』 6).

一. 제명과 서지사항은 검색의 편의를 고려하여 원자료에 보이는 언어를 그대로 반영하여, 한글은 한글로, 한문은 한문으로, 일본어는 일본어로, 서구어는 서구어로 표기했다. 제명이 한자나 외국어일 경우 별도로 한글 역문을 병기하지 않고 원자료에 보이는 언어를 그대로 사용했다. 다만 원자료에 번역 제명이 드러난 경우는 역제(譯題)를 병기했다. 표제는 한글 또는 한문으로 표기되었으되, 내제에 서구어 표제가 보이는 경우도 서구어 표제를 부기했다(*Manuel de la Langue Coréenne Parlée À L'usage des Français* / *Advanced Arithmatics*「高等算學新編」/ *Schlüssel zur Koreanschen Konversations=Grammatik*「朝鮮語交際文典附註解」/ 牖蒙千字 *The Thousand Charcter Series*).

一. 629책 영인 복간본 자료 일체는, 장황 방식이 한장(韓裝), 화장(和裝), 화장(華裝), 양장을 가리지 않고 실물대 규격에 의거해 제작했다. 오차 허용치는 판심이 있는 동장본(東裝本)의 경우 반엽 사주 5mm, 판광은 사주 3mm, 양장본의 경우 사주 4mm다.

一. 선장한 목판본이나 목·금속활자본의 경우, 동일 판식의 인출본일지라도 사용한 종이의 크기나 마모 정도에 따라 다소간 편차가 있을 수밖에 없는 반엽 규격은 외부 소장 자료의 규격을 참조하여 일부 보정한 사례도 있다. 반면, 형태 서지의 측면에서 의미를 지닌 광곽의 크기는 가급적 사용한 저본의 실측 규격을 최대한 충실하게 반영했다. 혼합판식인 경우 대체로 권수제가 있는 지면이나 1a면을 판사항 서술이나 규격 실측의 기준으로 삼았다.

一. 몇몇 자료에 보이는 낙장 결장 파장은 가능한 한 동일본에서 해당 지면을 찾아 보완했으나, 동일본을 발견하지 못한 경우 해당 지면을 파장된 형태 그대로 현상 영인하거나, 해당 지면의 상단에 낙장임을 표시했다. 극히 일부이긴 하나, 석인본『초등국어 하』(37~38면)처럼, 애초에 인쇄 단계에서 특정 지면의 인쇄가 누락된 결장의 사례도 있다. 이 경우는 원본 그대로 빈 지면으로 두었다.

一. 강점기 이전에 인출 또는 발행된 고서의 표제는 원칙적으로 제전(題箋)에 나타난 책명을 그대로 반영했다. 애초에 제전을 붙이지 않았거나, 붙였을지라도 저본의 제첨이 부실 또는 일실되었거나, 제명이 온전하게 드러나지 않는 경우, 표제를 내제, 권수제, 목차제, 권말제 등에서 따서 보완했다(『朝鮮略史』全 ➡ 『朝鮮略史十課』全).

一. 여러 편의 저작이 합편된 『여사서언해』 같은 경우는, 다소 장황함을 무릅쓰고, 제첨에서 원제명과 함께 해당 책에 포함된 원전 서명과 권차를 소자로 드러내기도 했다(『女녀四ᄉ書서諺언解히』卷권第뎨一일女녀誠계/卷권第뎨二이女녀論론語어). 다권본의 경우 제전에 책차와/나 권차를 역시 소자로 보완하여 나타낸 경우도 있다(『十십九구史ᄉ略략諺언解히』第뎨一일之지一일). 이 경우 권차나 책차의 서체는 본문에서 집자해 사용했다.

一. 합본된 자료 중 일부만 취한 경우도 해당 자료의 권수제를 표제로 사용했다(『월인석보』에 합편된 훈민정음언해 ➡ 『世셍宗종御엉製졩訓훈民민正졍音름』).

一. 동일 자료가 후대에 이르러 거듭 중간되었을 경우, 저본의 간기 등에서 인행된 해의 간지를 집자해 소자로 제첨에 추가하여 표시하기도 했다(『甲戌重刊御製千字文』/『庚午重刊新編算學啓蒙』). 판원이 드러나야 할 필요가 있을 경우에도 이를 원제 앞에 소자로 나타냈다(『光州刊上千字文』). 마찬가지로 서체는 본문에서 집자했다.

一. 유사 또는 동일 자료의 저작 주체가 다를 경우 제첨 아래에 저작자/편집자를 따로 표시하여 구분했다(『국문정리』(이봉운저작본) / 『국문정리』(이규대편집본)).

一. 개화기 이래 자료의 판권지나 간기에 보이는 연호(開國 建陽 光武 隆熙 明治 大正 昭和 皇紀 檀紀)와 연도는 해당 연호와 연도를 먼저 표시하고, [ ] 안에 서력 연도를 병기했다. 단, 해방 이후의 자료에 보이는 단기는 예외 없이 4000년대 기에 해당하므로 여타의 연호와 혼동할 여지가 없기 때문에 연도 앞에 단기 표기를 생략한 채 단기 연도와 함께 [ ] 안에 서력 연도를 나타냈다.

一. 영인 복간 대상 자료는 판본과 인본 위주로 추렸다. 일부 서지적 · 사료적 가치가 높은 수서본(手書本)을 고려 대상에 두기도 했지만, 널리 유포, 공유된 자료를 영인한다는 취지를 살려서 필사본은 가급적 배제했다. 물자의 부족으로 교과서의 공급이 원활치 못했던 해방 전후 시기의 일부 단위 학교 등에서 제한적으로 사용했던 유인본(일명 등사본)은 소수 포함되었다.

一. 판권지나 간기가 없는 자료의 경우 편집자의 판단에 따라 임의로 시기를 분류한 경우도 있다.

一. 일제강점기의 조선총독부가 펴낸 자료들은 조선문 위주로 선별했으나, 일문으로 된 자료도 일부 포함되었다. 혹간에 동일한 내용 전체를 일문과 조선문으로 나눠서 수록한 자료도 보이는 바, 이 경우는 조선어로 편집된 부분만 떼어내 영인했다(『敎育學敎科書』).

一. 24권으로 된 『태셔신亽』처럼 4책과 2책으로 묶인 두 개 이상의 버전이 보이는 경우, 2책본을 저본으로 한 경우에도 겹장 선장본의 특성상 두께를 고려하여 4책본 버전을 따라 분권한 사례도 있다.

一. 이 영인복간 작업을 위해 소장자료의 이미지 복제를 협조해 준 기관 및 개인은 아래와 같다. 협조받은 복제 이미지들은 참빛아카이브 소장본의 파장이나 낙장을 보완하는 데 요긴하게 활용되었다. 영인본의 특성상, 이용한 자료마다 참조 또는 이용한 구체 내역을 일일이 표시하지는 않았다. 협조해 준 기관과 관계자들에게, 두루, 감사드린다. 개화기의 국어와 역사 과목 관련 자료들 중 일부의 제작에는, 일찍이 백순재 선생이 아세아문화사와 함께 영인한 『한국개화기교과서총서』에서 많은 도움을 얻었다. 이 사실 또한 부기해 둠이 마땅하다.

국립중앙도서관   국립한글박물관(디지털한글박물관)
서울대학교중앙도서관   규장각한국학연구원
전라남도교육청   국립중앙박물관
국회도서관   대한민국역사박물관

전남대학교중앙도서관   대구향토역사관
이화여자대학교중앙도서관   독도박물관
한국교원대학교교육박물관   제주교육박물관
원광대학교중앙도서관   한밭교육박물관
고려대학교해외한국학자료센터   삼성출판박물관
국립민속박물관   연세대학교 학술정보원
문화재청

日本國立公文書館
東京大學校文學部圖書館
早稻田大學校圖書館

나건 이황희 정택균 장유근

우리의 고전과
옛 교과서 629책

한눈으로 보는 한국 교육의 산 역사

『훈민정음』,『훈몽자회』,『신증유합』,『여사서』,『천자문』과 같이
민족의 문화(文華)와 인문정신을 드높이는 데 크게 기여한 전래의 고전들,
『신정심상소학』,『바둑이와철수』,『초등셈본』 등
한국인들의 영혼에 각인된 불멸의 교과서들

복간본 일부의 실물 사진임.

접장 72책, 단장 114책 등 선장본 186책을 포함 총 70,000쪽에 달하는 전체 지면을
실물대 규격에 의거하여, 한장 한장 디지털 보정과 원형복원 작업을 거쳐
원본의 분위기를 충실하게 원색으로 재현

연구용 · 체험교육용 · 전시용

영인본 간행에 새로운 이정표를 세우고,
질과 양 두 측면이 고서 복간사(復刊史)에서 유례를 찾을 수 없는 기념비적 역작

복간본 일부의 실물 사진임.

"내 맘 속의 교과서"

조선 전기 ~ 1960년대

지식의 전 영역을 포괄하는 앎과 깨우침을 향한
반천년의 기나긴 여정

무지를 벗어나고자 한 선인들의 치열한 갈망과
따스한 아날로그적 서정이 물씬 풍기는 옛 교과서 원전을 통한
민족공동체 교육사의 재구성과 추체험

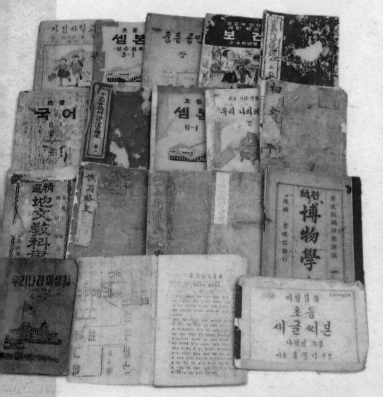

왼쪽은 참빛아카이브가 소장한 원본이고, 오른쪽은 이번에 복간한 629책 영인본의 일부이다.

〈우리의 고전과 옛 교과서 629책〉 영인복간본에 포함된

72책의 접장 선장본과 114책의 단장 선장본들은 예외없이
고서 원본과 동일하게 오침안(五針眼) 또는 사침안(四針眼)을 적용하고,
서책에 담긴 지식정보에 대한 외경심과 상서로움을 상징하는 붉은 명주실을 사용하여
선장함으로써 고풍스럽고 고급스러운 옛 책의 맛과 멋을 한껏 살려 정성스럽게 장정했습니다.

참빛영인총서 629책

목록 및 서지사항

1446부터 1960년대까지

조선시대
(1446~1897)

* 장수는 표지와 면지 등을 제외한 본문 내지를 기준으로 산정한 것임.

* 제1집에 보이는 대상본의 수량(66책)은 변함이 없으나, 최종 확정 시 이중 1~2건은 같은 시기의 다른 자료로 교체될 수 있음.

* 발행년 등의 표시에서, 정확하지 않거나 추정한 수자 앞에는 c.(circa)를 표시했음.

* 지은이, 발행소, 발행년 등이 복수이나, 이중 일부가 생략될 경우 이를 et al.(et alii)로 나타냈음.

* 발행년에서, 연호가 없는 경우 묘호(廟號)와 재위년을. 연호가 사용된 경우는 해당 연도를 표시한 후 [ ] 안에 서력 연도를 부기했음.

* 규격은 세로×가로임.

001 훈민정음(원본 · 해례본)
訓民正音(原本 · 解例本)

世宗(命撰), 木版本 不分卷1冊(33張), 世宗28[1446]年.
四周雙邊, 半郭 22.6×16.1cm, 有界, 7行11字(御製序) 8行13字(本文) 註雙
行, 大黑口, 上下向黑魚尾; 29.2×20.2cm.
線裝本, 漢文專用.

* 1946년 조선어학회 영인본이 저본임. 보사과정에서 오기된 제1a장 6행의 어조사 '矣'는
  '耳'로 바로잡음.

002 세종어제훈민정음(언해본 · 예의본)
世宗御製訓民正音(諺解本 · 例義本)

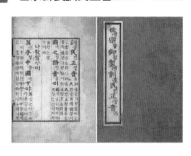

世祖(命編), 木版本 月印釋譜卷首(15張), 世祖5[1459]年.
四周雙邊, 半郭 21.5×17.4cm, 有界, 7行字數不定 註雙行, 大黑口, 上下內
向黑魚尾; 33.0×23.0cm.
線裝本, 國漢文混用.

* 「월인석보」(서강대본)와 문화재청 정본을 참조하여 영인함. 제첨의 표제는 「월인석보」
  의 권두제임.

003 동국정운 권지일
東國正韻 卷之一

申叔舟 外(撰), 混合活字本 6卷6冊中卷首(57張), 世宗30[1448]年.
四周雙邊, 半郭 23.0×15.7cm, 無界, 7行11字(本文) 9行13字(序文) 註雙行,
內向黑魚尾; 31.8×20.0cm.
線裝本, 國漢文混用.

* 건국대 소장본의 영인본을 저본으로 함.

004 훈몽자회
訓蒙字會

崔世珍(編), 木版本 3卷1冊(114張), 光海君5[1613]年.
四周雙邊, 半郭 29.5×19.5cm, 有界, 4行4字 註多行, 上下內向三葉花紋魚
尾; 39.8×24.6cm.
序 嘉靖六[1527]年…崔世珍.
線裝本, 國漢文混用.

005 어제 동몽선습언해 전
御製 童蒙先習諺解 全

英祖(命編), 木版本 不分卷1冊(37張), 英祖18[1742]年.
四周雙邊, 半郭 25.2×18.0cm, 有界, 7行15字 註雙行, 內向三葉花紋魚尾;
32.7×22.4cm
線裝本, 國漢文混用.

006 광주간상 천자문 전
光州刊上 千字文 全

周興嗣(原著), 木版本 不分卷1冊(42張), 全羅道光州(刊), 萬曆3[1575]年.
四周單邊, 半郭 22.3×17.8cm, 有界, 3行4字, 大黑口, 上下黑魚尾; 29.5×
21.3cm.
刊記 萬曆三年月日光州刊上.
線裝本, 國漢文混用.

* 東京大 소장 小倉進平 장본이 저본임.

007 갑술중간 어제천자문
甲戌重刊 御製千字文

周興嗣(原著), 韓濩(書), 木版本 不分卷1冊(48張), 宣祖34[1601]年.
四周雙邊, 半郭 31.3×20.9㎝, 有界, 3行4字 註雙行, 上下內向三葉花紋魚尾; 41.1×27.0㎝.
序 崇禎紀元後64年辛未[1691]秋7月朔朝[肅宗大王]; 刊記 萬曆11年[1583]正月 日副司果臣韓濩奉敎書; 29年辛丑[1601]7月 日內府開刊庚寅重補.
線裝本, 國漢文混用.

008 신증유합 상하
新增類合 上下

柳希春(編), 木版本 2卷1冊 全(97張), 宣祖9[1576]年.
四周雙邊, 半郭 24.4×19.8㎝, 有界, 4行4字 註多行, 上下大黑口, 上下內向3葉花紋魚尾; 34.8×24.3cm.
序 萬曆四[1576]年…柳希春謹序.
線裝本, 國漢文混用.

009 유합
類合

編者 未詳, 木版本 不分卷1冊(22張).
四周單邊, 半郭 21.8×17.2cm, 有界, 6行6字 註多行, 上內向二葉花紋魚尾; 28.4×18.7cm.
線裝本, 國漢文混用.

010 열수선생원본 명물소학
洌水先生原本 名物小學

洌水丁若鏞(原著), 豫堂外史(訂定), 木板本 不分卷1冊(26張), 1800年代 後半~1900年代 初.
四周雙邊, 半郭 23.5×15cm, 5行8字 註多行, 上內向黑魚尾; 28.2×18.5cm.
線裝本, 國漢文混用.

011 국민소학독본 전
國民小學讀本 全

大韓帝國學部編輯局(編), 學部木活字本 不分卷1冊(76張), 大朝鮮開國伍百伍拾四[1895]年梧秋.
四周單邊, 半郭 21.5×15.3cm, 有界, 10行20字, 上內向二葉花紋魚尾; 28.5×18.6cm.
線裝本, 國漢文混用.

012 신정심상소학 일
新訂尋常小學 一

大韓帝國學部編輯局(編), 3卷3冊中卷一(34張), 金屬活字本(整理字), 大朝鮮開國505[1896]年梧秋.
四周單邊, 半郭 20.1×13.7cm, 無界, 8行17字 註雙行, 上下向黑魚尾; 25.3×16.6cm
線裝本, 揷圖, 國漢文混用.

013 신정심상소학 이
新訂 尋常小學 二

3卷3冊中卷二(41張).
線裝本, 揷圖, 國漢文混用.

014 신정심상소학 삼
新訂 尋常小學 三

3卷3冊中卷三(52張).
線裝本, 揷圖, 國漢文混用.

015 디구략론 地璆略論

編者未詳(大韓帝國學部?), 木活字本 不分卷1冊(20張), c.高宗32[1895]年.
四周單邊, 半郭 22.7×15.5cm, 10行20字 注雙行, 上內向黑魚尾; 29.7×
19.9cm.
線裝本, 揷圖, 國漢文混用.

016 국문정리
國文正理(이봉운저작본)

리봉운(著作), 학부대신 민종목 외(閱覽), 木版本 不分卷1冊(12張), 京城:
國文局(印刷), 建陽2[1897]年.
四周雙邊, 半郭 19.0×12.3cm, 無界, 11行22字, 內向二葉花紋魚尾; 24.1×
15.6cm.
線裝本, 國文專用.

017 국문정리
國文正理(이규대편집본)

리규대(編輯), 학부대신 민종목 외(閱覽). 木版本 不分卷1冊(9張), 建陽
2[1897]年.
四周雙邊, 半郭 19.0×12.3cm, 無界, 11行22字, 無魚尾; 24.1×15.6cm
線裝本, 國文專用.

018 숙혜기략
夙慧記略

編者未詳(大韓帝國學部?), 學部印書體字木活字本 不分卷1冊(39張),
c.1895.
四周雙邊, 半郭 21.5×14.3cm, 有界, 10行20字, 上內向二葉花紋魚尾;
28.3×18.7cm.
線裝本, 國漢文混用.

019 유몽휘편 상하 전
牖蒙彙編 上下 全

大韓帝國學部編輯局(編). 木活字本 2卷1冊(17張). c.1895년.
四周單邊, 半郭 21.1×14.3cm, 有界, 10行20字, 上內向二葉花紋魚尾;
29.4×18.7cm.
線裝本, 國漢文混用.

020 농정촬요 전
農政撮要 全

鄭秉夏(撰), 李建初(訂), 新活字本 3卷1冊, 高宗23[1886]年.
四周雙邊, 半郭 16.9×11.6cm, 無界, 12行23字, 新式版心; 23.0×15.5cm.
序 歲在丙戌[1886]...鄭秉夏.
線裝本, 國漢文混用.

021 간이사칙문제집 전
簡易四則問題集 全

大韓帝國學部編輯局(編). 新活字本 1冊. 大朝鮮開國504[1895]年; 21.9×
15.2cm.
刊記 大朝鮮開國伍百四年七月.
線裝本, 國漢文混用.

022 *Manuel de la Langue Coréenne Parlée à L'usage des Français*

『프랑스인을 위한 조선어 회화 교본』.
Camille Imbault-Huart(著), Paris : Imprimerie Nationale, 1888; 21.9×
15.5cm.
洋裝本, 國佛文混用.

023 소학언해 권지일
小學諺解 卷之一

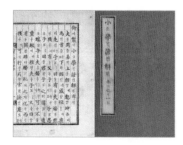

英祖(命編), 木版本 6卷5冊中卷之一-(零本), 發行年未詳.
四周雙邊, 半郭 23.3×16.8cm, 有界, 10行17字 註雙行, 上下內向二葉花紋
魚尾; 30.4×20.2cm.
卷頭 御製小學諺解序(歲甲子春二月下浣).
線裝本, 國漢文混用.

024 논어언해 권지일
論語諺解 卷之一

宣祖(命編), 木板本4卷4冊中卷一-(零本), 全州 : 河慶龍家, 高宗7[1870]年.
四周雙邊, 半郭 22.9×16.9cm, 有界, 10行17字 註雙行, 上下內向二葉花紋魚
尾; 31.9×21.5cm.
線裝本, 國漢文混用.

* 完板坊刻本임.

025 맹자언해 권지일
孟子諺解 卷之一

宣祖(命解), 丁酉字覆刻本 14卷7册中卷首(零本), 內閣藏版本, 純祖
20[1820]年.
四周單邊, 半郭 24,5×16,8cm, 有界, 半葉 10行17字 註雙行, 上下二葉花紋
魚尾; 33,4×22,4cm.
線裝本, 國漢文混用.

026 효경언해 전
孝經諺解 全

木版本 不分卷1册(26張), 發行年未詳(朝鮮後期).
四周單邊, 半郭 19,4×15,2cm, 有界, 10行19字 註雙行, 上下二葉花紋魚尾;
30,7×21,1cm.
線裝本, 國漢文混用.

027 교간유씨언문지 전
校刊柳氏諺文志 全

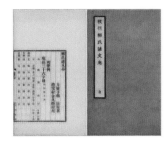

柳僖(原著), 金九經(校刊), 新活字本 不分卷1册(28張), 薑園叢書, 昭和
9[1934]年(原著 1824).
四周單邊, 半郭 14,0×9,9cm, 有界, 10行字數不定 註雙行, 黑口, 上黑魚尾;
24,8×14,8cm.
校刊序 歲甲戌(1934)…金九經.
原序 時甲申[1824]…[柳僖].
線裝本, 國漢文混用.

028 세계만국연계
世界萬國年契

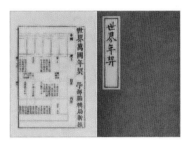

大韓帝國學部編輯局 編, 新活字本 1册, 高宗31[1894]년.
四周雙邊, 半郭 23,0×15,1cm, 有界, 字數不定, 無魚尾; 29,0×19,2cm.
線裝本, 國漢文混用.

029 농정신서 [농정신편] 원
農政新書[農政新編] 元

安起亭[宗洙](譯編), 新活字本 4卷4册中元, 廣印社(刊印), 開國
四百九十四[高宗22, 1885]年.
四周雙邊, 半郭 16,4×11,7cm, 無界, 11行21字 註雙行, 上下向二葉花紋魚
尾; 21,4×14,5cm.
序 辛巳[1881]…申箕善.
跋 歲辛巳[1881]…安宗洙; 癸未[1883]...李祖淵; 乙酉[1885]…李明宇.
線裝本, 揷圖, 國漢文混用.

030 농정신서 [농정신편] 형
農政新書[農政新編] 亨

4卷4册中亨.
線裝本, 國漢文混用.

4卷4册中利.
線裝本, 國漢文混用.

4卷4册中貞.
線裝本, 國漢文混用.

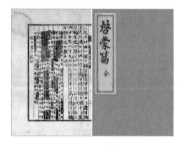

撰者未詳, 朴星七(編), 木板本 不分卷1册(17張), 安城：朴星七書店, 大正6[1917]年.
四周單邊, 半郭 20.9×16.8cm, 12行20字 註雙行, 上二葉花紋魚尾; 25.6×19.0cm.
線裝本, 國漢文混用.

＊ 安城板坊刻本임.

大韓帝國學部編輯局(新刊), 木活字本 不分卷1册(30張), 大朝鮮開國504[1895]年仲冬.
四周單邊, 半郭 21.7×14.6cm, 有界, 10行20字 註雙行, 上二葉花紋魚尾; 28.3×18.3cm.
線裝本, 國漢文混用.

迫繁勝(著), 李瑞慶(閱), 新活字本 2卷2册中卷上. 山口縣：宝迫繁勝家, 明治13[1880]年(印行).
四周雙邊, 半郭 21.8×14.1cm, 無界, 字數不定, 無魚尾; 26.5×16.7cm.
自序 明治13年…慶尙道草梁館…宝迫繁勝.
和裝本, 國日文混用.

2卷2册中卷下.
和裝本, 國日文混用.

037 만국약사 일
萬國略史 一

大韓帝國學部編輯局(編), 銅活字本 2卷2冊中卷 一, 大朝鮮開國504[1895]年.
四周單邊, 半郭 21.6×15.0cm, 有界, 10行20字, 上下向二葉花紋魚尾; 28.0×18.0cm.
線裝本, 國漢文混用.

038 만국약사 이
萬國略史 二

2卷2冊中卷二.
線裝本, 國漢文混用.

039 소학만국지지
小學萬國地誌

大韓帝國學部編輯局(編), 木活字本 不分卷 1冊(90張), 大朝鮮開國504[1895]年6月.
四周單邊, 半郭 21.3×14.3cm, 10行20字, 上二葉花紋魚尾; 28.4×18.5.
序 開國五百四[1895]年…李完用.
線裝本, 國漢文混用.

040 십구사략언해 제일지일
十九史略諺解 第一之一

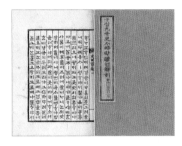

曾先之(編), 木板本 2卷2冊中第一之 一(零本). 英祖48[1772]年.
四周單邊, 半郭 21.4×15.5cm, 有界, 10行18字 註雙行, 上下向二葉花紋魚尾; 33.5×21.8cm.
刊記 歲在壬辰[1772]嶺營新刊.
線裝本, 國漢文混用.

041 십구사략언해 제일지이
十九史略諺解 第一之二

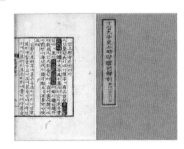

2卷2冊中第一之二(零本).
線裝本, 國漢文混用.

042 여사서언해 권제일(여계)
女四書諺解 卷第一 (女誡)

英祖(命編), 金屬活字本(戊申字) 4卷2冊中卷一(零本). 英祖13[1737]年.
四周單邊, 半郭 24.6×16.6cm, 10行17字 注雙行, 上下內向二葉花紋魚尾; 33.8×21.5cm.
序 萬曆八年歲在庚辰[1580]…; 御製序 歲丙辰(1736)仲秋…; 女誡原序.
線裝本, 國漢文混用.

043 여사서언해 권제이(여논어)
女四書諺解 卷第二(女論語)

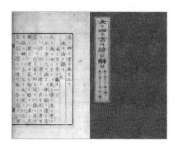

4卷2册中卷二.
線裝本, 國漢文混用.

044 경오중간 신편산학계몽 권상
庚午重刊 新編算學啓蒙 卷上

朱世傑(撰), 木版本 3卷3册中卷上. 肅宗16[1690]年.
四周單邊, 半郭 20.4×14.4cm, 有界, 10行19字 註雙行, 上下內向二葉花紋
魚尾; 30.8×19.6cm.
序 大德己亥[1299]…趙城元鎭; 順治十七年(1660)…金始振.
刊記 庚午[1690]重刊藏于本學.
線裝本, 揷圖, 漢文專用.

045 경오중간 신편산학계몽 권중
庚午重刊 新編算學啓蒙 卷中

3卷3册中卷中.
線裝本, 揷圖, 漢文專用.

046 경오중간 신편산학계몽 권하
庚午重刊 新編算學啓蒙 卷下

3卷3册中卷下.
線裝本, 揷圖, 漢文專用.

047 조선역사 권일
朝鮮歷史 卷一

大韓帝國學部編輯局(新刊), 學部木活字本 3卷3册中卷一 大朝鮮開國
504[1897]年仲秋.
四周單邊, 半郭 21.6×14.5cm, 有界, 10行20字 註雙行(上欄註), 上二葉花
紋魚尾; 28.5×18.4cm.
線裝本, 國漢文混用.

048 조선역사 권이
朝鮮歷史 卷二

3卷3册中卷二.
線裝本, 國漢文混用.

049 조선역사 권삼
朝鮮歷史 卷三

3卷3册中卷三.
線裝本, 國漢文混用.

050 조선지지 전
朝鮮地誌 全

大韓帝國學部編輯局(新刊). 學部木活字本 1册(51張). 大朝鮮開國
504[1895]年菊秋.
四周單邊, 半郭 21.7×14.3cm. 10行20字 註雙行. 上二葉花紋魚尾; 28.1×
18.4cm.
線裝本, 圖(朝鮮國全圖), 國漢文混用.

051 조선약사십과 전
朝鮮略史十課 全

大韓帝國學部編輯局(編), 木活字本 1册(23張). c.1895年.
四周單邊, 半郭 22.0×15.5cm, 有界, 10行20字 註雙行(上欄註). 上二葉花
紋魚尾; 29.2×18.8cm.
線裝本, 國漢文混用.

052 태셔신사
태셔신ᄉ 泰西新史 일

大韓帝國學部編輯局(刊印), 新活字本 24卷4册中卷一. 建陽2年(發行);
26.5×18.9cm.
線裝本, 國文專用.

* Robert MaCkenzie, *The Nineteenth Century: A History*(London, 1880)[Timothy Richard
漢譯, 蔡爾康 述稿]의 韓譯本.

053 태셔신사
태셔신ᄉ 泰西新史 이

24卷4册中卷二.
線裝本, 國文專用.

054 태셔신사
태셔신ᄉ 泰西新史 삼

24卷4册中卷三.
線裝本, 國文專用.

055 태서신사 **태셔신〈** 泰西新史 〈

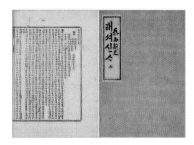

24卷4冊中卷四.
線裝本, 國文專用.

056 사민필지 **〈민필지**(한글본)

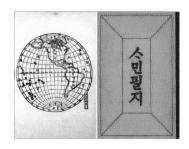

Homer Bezaleel Hulbert(著), 鉛活字本 1冊. 1889; 22,2×14,6cm.
序 조선육영공원교〈혈벗.
洋裝本, 揷圖, 國文專用.

* 내지는 원간본(1889)이나, 표지는 영문 부제(*Geographical gazetteer of the world*)를 붙
  인 후대의 판본(1909)에서 가져온 것임.

057 사민필지(한역본) **士民必知**(漢譯本)

Homer Bezaleel Hulbert(原著), 白南奎 · 李明翔(譯), 金澤榮(撰). 金屬活字
本(芸閣印書體字) 2卷1冊(72張). 高宗32[1895]年.
四周單邊, 半郭 21,3×14,5cm, 10行20字, 上花紋魚尾; 28,2×18,2cm.
序 大朝鮮開國504年乙未(1895)···金澤榮.
線裝本, 漢文專用.

058 여재촬요 전 **輿載撮要** 全

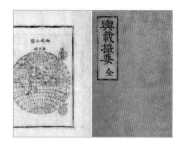

嗚宏默(撰), 木版本 不分卷 1冊(83張), c.高宗24[1887]年.
四周單邊, 半郭 20,0×13,4cm, 有界, 10行26字, 上下二葉花紋魚尾; 28,7×
18,2cm.
線裝本, 揷圖(地圖), 漢文專用.

059 사자소학 **四字小學**

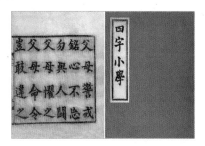

撰者 未詳, 梁承坤(編), 木板本 不分卷 1冊(18張), 全州：梁冊房, 昭和七
[1932]年.
四周單邊, 半郭 15,4×15,4cm, 有界, 6行4字, 內向黑魚尾; 25,4×18,5cm.
刊記 昭和七年(1932)十月十五日.
線裝本, 國漢文混用.

* 完板坊刻本임.

060 정몽유어 **正蒙類語**

木板本 不分卷 1冊(33張), 星州：三峰書堂(印出), 昭和11[1936]年1月
20日.
四周雙邊, 半郭 18,9×15,5cm, 10行18字, 上內向一葉花紋魚尾; 27,4×
19,2cm.
序 朝鮮開國四百九十三年甲申[1884]...大溪(李承熙).
線裝本, 國漢文混用.

061 격몽요결
擊蒙要訣

李珥(編), 木版本 不分卷1册(49張), 京都 : 室町 鯉山町, 万治元[1658]年.
四周單邊, 半葉匡郭 17.9×15.6cm, 無界, 9行15字, 上下花紋魚尾; 26.4×20.0cm.
序 丁丑(1577)…李珥.
線裝本, 漢文口文混用.

062 아희원람
兒戲原覽

張混(編), 木版本 不分卷1册(63張), 純祖3[1803]年.
四周單邊, 半葉匡郭 22.0×14.2cm, 有界, 10行 21字, 上下向黑魚尾; 28.4×18.2cm.
線裝本, 國漢文混用.

063 주해천자문
註解千字文

周興嗣(原著) 洪泰運(書), 木板本 不分卷 1册(42張), 純祖4[1804]年.
四周單邊, 半葉匡郭; 24.3×17.4cm, 有界, 4行4字 註多行, 版心: 千字文, 上內向黑魚尾; 29.8×20.4cm
刊記 崇禎177年季甲子秋京城廣通坊新刊
線裝本, 國漢文混用.

* 京板坊刻本임.

064 불설대보부모은중경
佛說大報父母恩重經

諺解本, 鳩摩羅什(原著), 木版本 不分卷 1册(26張), 發行年 未詳.
四周單邊, 半葉匡郭 18.5×14.2cm, 無界, 10行18字, 大黑口, 上下內向黑魚尾; 29.3×19.0cm .
線裝本, 插圖, 國漢文混用.

065 삼강행실도
三綱行實圖

諺解本, 偰循(世宗命撰), 木板本 不分卷 1册(110張), 發行年 未詳.
四周雙邊, 半葉匡郭 23.6×16.4cm, 有界, 13行22字, 上下內向黑魚尾; 35.2×21.8cm.
序 宣德7[1432]年…權採奉.
線裝本, 插圖, 國漢文混用.

066 오륜행실도 권사
五倫行實圖 券四

諺解本, 正祖命撰, 金屬活字本(整理字) 5卷4册中卷4(零本)1册, 發行年 未詳.
四周雙邊, 半葉匡郭 20.9×13.6cm, 有界, 10行20字, 上下向黑魚尾; 27.8×17.7cm.
序 是歲[1797]孟夏..李晩秀.
線裝本, 插圖, 國漢文混用.

대한제국기
(1897~1910)

* 제2집에 보이는 대상본의 수량(158책)은 변함이 없으나, 최종 확정 시 이중 2~3건은 같은 시기의 다른 자료로 교체될 수 있음.

* 발행년 등의 표시에서, 정확하지 않거나 추정한 수자 앞에는 c.(circa)를 표시했음.

* 지은이, 발행소, 발행년 등이 복수이나, 이중 일부가 생략될 경우 이를 et al.(et alii)로 나타냈음.

* 발행년에서, 대체로 연호와 해당 연도를 먼저 표시한 후 [ ] 안에 서력 연도를 부기했음.

* 규격은 세로×가로임.

067 (학부편찬) 보통교육 창가집 제일집
(學部編纂) 普通教育 唱歌集 第一輯

大韓帝國學部(編纂), 新活字本 1冊, 韓國政府印刷局(印刷), 隆熙
4[1910]年5月30日(初版); 20.1×15.4cm.
洋裝本, 國漢文混用.

068 천문학 전
天文學 全

鄭永澤(譯述), 新活字本 1冊, 京城 : 普成舘(發行), 隆熙2[1908]年1月20
日(初版); 23.2×16.2cm.
洋裝本, 揷圖, 國漢文混用.

069 여자독본 상
녀ㅈ독본 女子讀本 上

張志淵(輯), 新活字本 2卷1冊中卷上, 廣學書舖(發行), 徽文舘(印刷),
隆熙2[1908]年4月5日; 22.0×15.0cm.
線裝本, 國漢文混用.

070 여자독본 하
녀ㅈ독본 女子讀本 下

2卷1冊中卷下.
線裝本, 國漢文混用.

071 여자소학수신교과서 전
女子小學修身敎科書 全 녀ㅈ소학슈신교과셔 전

盧炳喜(著述), 梨花學堂長富羅伊·進明女學校學監余袂禮黃·養源女
學校長尹高羅(共校閱), 新活字本 1冊, 京城 : 博文書舘(發行), 隆熙
3[1909]年2月(初版); 22.0×15.0cm.
標題 女子修身敎科書全; 目次題 녀ㅈ소학슈신교과서 版心題 녀ㅈ소학슈
신서.
線裝本, 國漢文混用.

072 초등여학(제일학년일학기)독본
初等女學(第一學年一學期)讀本

李源兢(著), 邊瑩中(校), 新活字本 1冊, 隆熙2[1908]年3月10日.
四周雙邊, 半郭 17.2×12.4cm, 無界, 11行字數不定, 上內向黑魚尾;
22.3×15.3cm.
線裝本, 國漢文混用.

初等**動物學**教科書 全

張世基(校閱), 鄭寅琥(譯輯·發行), 新活字本 1册, 皇城：徽文館(印刷),
隆熙2[1908]年7月30日；22.0×15.0cm.
線裝本, 揷圖, 國漢文混用.

初等**衛生學**教科書 全

安鍾和(譯述), 元泳義(校閱), 隆熙3年學部檢定(私立學校初等教育理科
學徒用), 廣學書舖(發行), 隆熙元[1907]年(初版), 隆熙2[1908]年(再刊)；
22.3×15.1cm.
線裝本, 國漢文混用.

幼年必讀 册一 (卷一 卷二)

4卷2册中卷一·二, 玄采(編輯兼發行), 徽文館(印刷·發行), 光武
11[1907]5月5日；22.2×15.3cm.
線裝本, 揷圖, 國漢文混用.

幼年必讀 册二 (卷三 卷四)

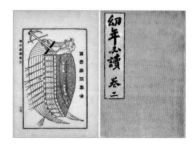

4卷2册中卷三·四.
線裝本, 揷圖, 國漢文混用.

倫理學教科書 上編(卷一 卷二)

申海永(編述), 4卷2册中卷一·二, 漢城：普成中學校(發行), 光武
10[1906]年；22.4×16.1cm.
線裝本, 國漢文混用.

倫理學教科書 下編(卷三 卷四)

4卷2册中卷一·二.
線裝本, 國漢文混用.

079 초등본국약사 일
初等本國略史 一

興士團編輯部・朴晶東(著作), 2卷2册中卷 一, 隆熙3[1909]年學部檢定
(私立學校歷史科初等教育學徒用), 京城 : 同文舘(發行), 隆熙3[1909]
年9月30日 ; 22.3×14.9cm.
洋裝本, 揷圖, 國漢文混用.

080 초등본국약사 이
初等本國略史 二

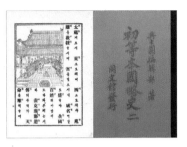

2卷2册中卷二.
洋裝本, 揷圖, 國漢文混用.

081 초등본국역사 전
初等本國歷史 全

安鍾和(著), 皇城 : 廣德書舘 安泰瑩(發行), 隆熙3[1909]年學部檢定
(私立學校歷史科初等教育學徒用), 隆熙3年(初版) 隆熙4[1910]年6月7
日(再版) ; 22.4×15.2cm.
線裝本, 國漢文混用.

082 서례수지
셔례슈지 西禮須知

大韓帝國學部編輯局(編), 新活字本, 光武6[1902]年; 23.7×15.2cm.
線裝本, 國文專用.

083 고등소학독본 권일
高等小學讀本 卷一

徽文義塾編輯部(編纂), 漢城 : 徽文舘(發行), 學部檢定, 新活字本 2
卷2册中卷 一, 光武十[1906]年(初版) 隆熙元[1907]年12月25日(再版);
22.0×15.2cm.
線裝本, 揷圖, 國漢文混用.

084 고등소학독본 권이
高等小學讀本 卷二

2卷2册中卷二.
線裝本, 揷圖, 國漢文混用.

085 아학편 전
兒學編 全

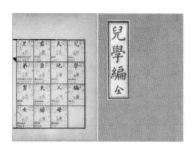

丁若鏞(著), 池錫永(注釋兼發行), 石版本, 廣學書舖·大東書市(發賣), 隆熙2年3月(原著 c.1804); 22.4×15.4cm.
序 光武10[1906]年…閔丙奭.
線裝本, 國日英漢文混用.

086 신정산술 일 소학교교과서
新訂算術 一 小學校教科書

梁在謇(編輯), 廣學書舖 金相萬(發行), 新活字本 3卷3冊中一(尋常一學年用), 普文舘(印刷), 光武11[1907]年3月; 21.9×15.1cm.
序 光武五[1901]年…梁在謇.
線裝本, 國漢文混用.

087 신정산술 이 소학교교과서
新訂算術 二 小學校教科書

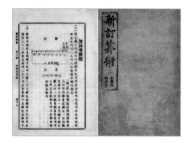

3卷3冊中二(尋常二學年用).
線裝本, 國漢文混用.

088 신정산술 삼 소학교교과서
新訂算術 三 小學校教科書

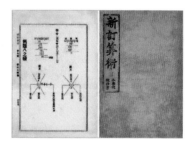

3卷3冊中三(尋常三學年用).
線裝本, 國漢文混用.

089 국어문전음학
國語文典音學

周時經(著述), 新活字本 1冊, 博文書舘(發行), 隆熙2[1908]年11月6日; 21.9×15.2cm.
序 隆熙2年…朴兌桓.
線裝本, 國漢文混用.

090 문장지남 전
文章指南 全

崔在學(編纂), 朴殷植·張志淵(校閱), 新活字本 1冊, 徽文舘(發行), 隆熙2[1908]年12월30일; 22.0×15.0cm
線裝本, 漢文專用.

091 중등만국지지 일
中等**萬國地誌** 一

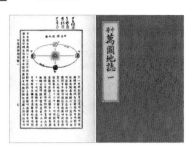

朱榮煥·盧載淵(共譯), 玄采(校), 學部編輯局新刊, 新活字本 3卷3册中
卷一, 光武6[1902]年3月(發行); 22.4×15.4cm.
序 光武6年...閔泳韶; 跋 光武6年...學部編輯局長李圭桓.
線裝本, 揷圖, 國漢文混用.

092 중등만국지지 이
中等**萬國地誌** 二

3卷3册中卷二.
線裝本, 揷圖, 國漢文混用.

093 중등만국지지 삼
中等**萬國地誌** 三

3卷3册中卷三.
線裝本, 揷圖, 國漢文混用.

094 신찬지문학
新撰地文學

閔大植(編述), 朴晶東(閱), 新活字本 1册, 徽文舘(發行), 光武11[1907]
年7月10日; 21.3×14.6cm.
洋裝本, (一部彩色)揷圖, 國漢文混用.

095 동국사략 일
東國史略 一

玄采(譯述), 新活字本 4卷4册中卷一, 京城 : 普成舘(發行), 光武
10[1906]年6月10日; 25.3×17.3cm.
線裝本, 國漢文混用.

096 동국사략 이
東國史略 二

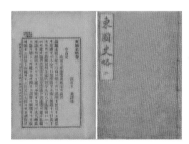

4卷4册中卷二.
線裝本, 國漢文混用.

4卷4冊中卷三.
線裝本, 國漢文混用.

4卷4冊中卷四.
線裝本, 國漢文混用.

大韓帝國學部(編纂), 新活字本 4卷4冊中卷一, 東京 : 三星堂書店(印刷), 光武11[1907]年2月1日(初版) 隆熙4[1910]年8月1日(6版); 21.8× 14.5cm.
洋裝本, 挿圖, 國漢文混用.

4卷4冊中卷二. 光武11[1907]年(初版) 隆熙3[1909]年11月1日(5版).
洋裝本, 挿圖, 國漢文混用.

4卷4冊中卷三, 光武11[1907]年(初版) 隆熙4[1910]年8月20日(5版).
洋裝本, 挿圖, 國漢文混用.

4卷4冊中卷四, 隆熙2[1908]年(初版) 隆熙4[1910]年8月1日(4版).
洋裝本, 挿圖, 國漢文混用.

103　전술강요 전
戰術綱要 全

武官學校敎官 朴泰琦(更譯), 武官學校技手 趙貞淳(印刷), 光武
11[1907]年5月5日; 12.6×9.4cm.
序 光武11年...陸軍武官學校長陸軍叅將勳五等趙性根.
洋裝本, 揷圖, 國漢文混用.

104　대한문전 전
大韓文典 全

兪吉濬(著作兼發行), 新活字本 3卷1冊, 同文舘(印刷), 隆熙3[1909]年2
月18日; 22.5×15.5cm.
線裝本, 國漢文混用.

105　산술신서 일
算術新書 一

李相卨(編), 新活字本 2卷2冊中卷上. c.光武4[1900]年; 23.5×16.6cm.
序 光武四[1900]年...學部編輯局長李圭桓.
線裝本, 國漢文混用.

* 판권지 없으며, 발행년은 서문에 의해 추정함.

106　산술신서 이
算術新書 二

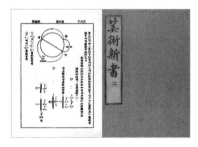

2卷2冊中卷下.
線裝本, 國漢文混用.

107　초학지지
초학디지 初學地誌 Elementary Geography

밀러부인(저), 대한예수교서회(간인), 광무11년 정미[1907]; 27.1×19.9cm.
Mrs. E. H. Miller, Korean Religious Tract Society, Hulbert Educational
Series, No. 1(2nd ed.), 1907.
洋裝本, 彩色揷圖, 國文專用.

108　정선산학 상
精選算學 上

南舜熙(編輯), 權在衡(較閱), 新活字本 2卷1冊中卷上(零本), 慶勳重
(發行), 皇城新聞社(發刊), 學部編輯局檢定, 光武11[1907]年1月20日;
24.0×16.9cm.
序 光武四[1900]年…權在衡; 跋 光武四年…林炳恒.
線裝本, 國漢文混用.

109 (학부편찬)보통학교학도용 이과서 권일

(學部編纂)普通學校學徒用 理科書 卷一

大韓帝國學部(編纂), 東京 : 三省堂書店(印刷), 隆熙2[1908]年(初版)
隆熙4[1910]年8月20日(4版), 公立居昌普通學校所藏印; 22.1×15.1cm.
洋裝本, 挿圖, 日文專用.

110 개정중등물리학교과서 전

改訂 中等物理學教科書 全

閔大植(編述), 新活字本 1冊, 京城 : 徽文舘(發行), 隆熙3年學部檢定
私立學校高等科員用, 隆熙4[1910]年6月20日; 22.2×15.2cm.
序 隆熙2[1908]年…安鍾和.
和裝本, 挿圖, 國漢文混用.

111 최신고등소학이과서 일

最新高等小學理科書 一

玄采(發行兼編述), 全秩4冊(第1第2植物動物地文鑛物科 第3第4物理化
學生理衛生科)中卷一, 日韓印刷株式會社(印刷), 隆熙2[1908]年3月16
日(初版) 隆熙2[1908]年4月1日(再刊); 22.5×15.3cm.
洋裝本, 挿圖, 國漢文混用.

112 개정이과교과서 이

改正理科教科書 二

玄采(發行兼編述), 全秩4冊(第1第2植物動物地文鑛物科 第3第4物理
化學生理衛生科)中卷二, 東文舘(印刷), 明治43[1910]年(初版) 明治
45[1912]年5月15日(3版); 隆熙4[1910]年5月學部檢定 私立學校高等程
度理科員用; 22.5×15.3cm.
洋裝本, 挿圖, 國漢文混用.

113 개정이과교과서 삼

改正理科教科書 三

玄采(發行兼編述), 全秩4冊(第1第2植物動物地文鑛物科 第3第4物理化
學生理衛生科)中卷三, 東文舘(印刷), 檢定(明治43[1910]年出版許可);
明治45[1912]年2月10日; 22.5×15.3cm.
洋裝本, 挿圖, 國漢文混用.

114 신편물리학 전

新編博物學 全

普成舘繙譯部 · 李弼善(譯述), 申海容(校閱), 新活字本 1冊, 漢城 : 普
成舘(發行), 光武11[1907]年5月5日; 23.2×16.2cm.
洋裝本, 挿圖, 國漢文混用.

115 중등생리학 전
中等**生理學** 全

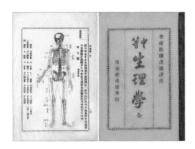

普成舘編譯部(譯纂), 漢城 : 普成舘(發行), 光武11[1907]년(初版) 隆熙
2[1908]年8月10日(再刊) ; 22.4×15.2cm.
洋裝本, 揷圖, 國漢文混用.

116 신찬소물리학 전
新撰小物理學 全

大韓國民敎育會(編), 新活字本 1冊, 漢城 : 國民敎育會事務所(發行),
光武10[1906]年6月30日 ; 23.0x15.5cm.
線裝本, 揷圖, 國漢文混用.

117 중등생리위생학 전
中等**生理衛生學** 全

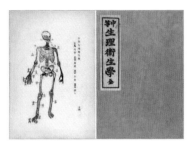

任璟宰(譯述), 閔大植(校正), 徽文舘(發行·印刷), 光武11[1907]年7
月25日 ; 21.7×15.1cm.
線裝本, 揷圖, 國漢文混用.

118 중일약사합편
中日略史合編

大韓帝國學部(輯譯), 新活字本 4卷1冊, 大韓光武2[1898]年4月 ; 23.0×
14.7cm.
刊記 大韓光武二[1898]年肇夏.
洋裝本, 國漢文混用.

119 신찬산술통의 상
新撰**算術通義** 上

洪鍾旭(編撰), 新活字本 2卷1冊中卷上(零本), 普文社(印刷), 隆熙
2[1908]年1月 ; 22.1×15.5cm.
線裝本, 國漢文混用.

120 정정증보산학통편
訂正增補**算學通編**

李命七(著作), 博文書舘·新舊書林·朝鮮圖書株式會社(發行), 大正
3[1914]年(初版) 大正14[1925]年8月30日(7版) ; 22.1×15.1cm.
洋裝本, 國漢文混用.

121 簡明敎育學 全

俞鈺兼(譯述), 李豊鎬(校閱), 皇城：右文舘(發行), 隆熙2[1908]年7月；
22.2×15.7cm.
序 隆熙2[1908]年…元泳義.
線裝本, 國漢文混用.

122 心理學敎科書 全

普成舘繙譯員金夏鼎 (譯述). 京城：普成舘. 光武11年7月30日(發行)
23.0×15.9cm.
線裝本, 國漢文混用.

123 普通敎科修身書 全

徽文舘(編纂), 徽文舘(發行), 隆熙4[1910]年4月5日, 隆熙3[1909]年學
部檢定(私立普通學校修身科學徒用); 20.2×15.7cm.
線裝本, 國漢文混用.

124 初等倫理學敎科書 全

安鍾和(譯述), 元泳義(校閱), 廣學書舗(發行), 隆熙元[1907]年(初版)
隆熙2[1908]年10月25日(3版); 22.0×15.2cm.
線裝本, 國漢文混用.

125 (學部編纂)普通學校學徒用國語讀本 卷一

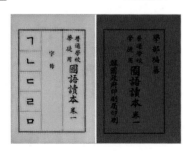

大韓帝國學部(編纂), 韓國政府印刷局(印刷), 光武11[1907]年2月1日(初
版) 隆熙3[1909]年10月29日(3版); 21.8×14.5cm.
洋裝本, 揷圖, 國漢文混用.

126 (學部編纂)普通學校學徒用國語讀本 卷二

大韓帝國學部(編纂), 大日本圖書株式會社(印刷), 光武11[1907]年2月1
日(初版) 隆熙4[1910]年8月20日(6版); 21.8×14.5cm
洋裝本, 揷圖, 國漢文混用.

127

(學部編纂)普通學校學徒用 國語讀本 卷三

大韓帝國學部(編纂), 大日本圖書株式會社(印刷), 光武11[1907]年2月(印刷); 21.8×14.5cm.
洋裝本, 揷圖, 國漢文混用.

128

(學部編纂)普通學校學徒用 國語讀本 卷四

大韓帝國學部(編纂), 大日本圖書株式會社(印刷), 光武11[1907]年2月1日(初版) 隆熙3年[1909]11月20日(5版); 21.8×14.5cm.
洋裝本, 揷圖, 國漢文混用.

129

(學部編纂)普通學校學徒用 國語讀本 卷五

大韓帝國學部(編纂), 大日本圖書株式會社(印刷), 隆熙2[1908]年3月1日(初版) 隆熙3[1909]年11月20日(3版); 21.8×14.5cm.
洋裝本, 揷圖, 國漢文混用.

130

(學部編纂)普通學校學徒用 國語讀本 卷六

大韓帝國學部(編纂), 大日本圖書株式會社(印刷), 隆熙2[1908]年3月1日(初版) 隆熙3[1909]年11月20日(3版); 21.8×14.5cm.
洋裝本, 揷圖, 國漢文混用.

131

(學部編纂)普通學校學徒用 國語讀本 卷七

大韓帝國學部(編纂), 大日本圖書株式會社(印刷), 隆熙2[1908]年3月1日(初版) 隆熙3[1909]年4月10日(再版); 21.8×14.5cm.
洋裝本, 揷圖, 國漢文混用.

132

(學部編纂)普通學校學徒用 國語讀本 卷八

大韓帝國學部(編纂), 大日本圖書株式會社(印刷), 隆熙2[1908]年3月1日(初版) 隆熙3[1909]年4月10日(再版); 21.8×14.5cm.
洋裝本, 揷圖, 國漢文混用.

玄采(譯輯), 新活字本 2卷2冊中卷一, 皇城：廣文社(新刊), 光武5[1901]
年5月; 22.4×15.7cm.
序 光武三[1899]年…學部編輯局長李圭桓; 跋 光武三年…玄采
線裝本, 彩色挿圖, 國漢文混用.

2卷2冊中卷二.
線裝本, 彩色挿圖, 國漢文混用.

玄采(編輯兼發行), 新活字本 14編2冊中卷上, 皇城：中央書館(朱翰榮) 外
(發行), 日韓圖書印刷株式會社(印刷), 隆熙元[1907]年11月30日; 22.4×
15.7cm.
序 丙午[1906]…玄采.
洋裝本, 國漢文混用.

14編2冊中卷下.
洋裝本, 國漢文混用.

James Scarth Gale, B.A.[奇一](著), 李昌植(校閱), 新活字本 4卷4冊中
卷之一, 光武7[1903]年; 22.2×14.5cm.
The Thousand Charcter Series. Korean Reader No. 1.(2nd. ed.), Yokohama：
The Fukuin Printing Co. Ltd., 1903.
洋裝本, 國漢文混用.

4卷4冊中卷之二.
洋裝本, 國漢文混用.

139 유몽천자 권지삼
牖蒙千字 *The Thousand Charcter Series* 卷之三

4卷4冊中卷之三.
洋裝本, 國漢文混用.

140 유몽천자 권지사
牖蒙千字 *The Thousand Charcter Series* 卷之四

4卷4冊中卷之四.
洋裝本, 國漢文混用.

141 경제통론
經濟通論

編者 發行年 發行者 未詳(版權紙 없음); 15.7×23.1cm.
線裝本, 國漢文混用.

142 신정중등만국신지지 건
新訂中等萬國新地志 乾

金鴻卿(編纂), 張志淵(校閱), 新活字本 2卷2冊中卷一, 京城：廣學書館(發行), 隆熙元[1907]年11月5日(初版) 隆熙4[1910]年3月23日(再版); 22.0×15.2cm.
序 隆熙元[1907]年...閔泳徽; 隆熙元[1907]年...安鍾和.
線裝本, 國漢文混用.

143 신정중등만국신지지 곤
新訂中等萬國新地志 坤

2卷2冊中卷二.
線裝本, 國漢文混用.

144 초등본국역사 전
初等本國歷史 全

柳瑾(著述), 安鍾和 · 張志淵(共校正), 徽文舘(印刷), 隆熙2[1908]年4月14日; 21.7×15.4cm.
線裝本, 國漢文混用.

145 몽학한문초계 전
蒙學漢文初階 全

元泳義(纂輯), 柳瑾·張志淵(共校閱), 廣學書舖·中央書館·大東書市
(發賣), 隆熙元[1907]年10月; 22.4×15.2cm.
序 隆熙元年…元泳義.
線裝本, 國漢文混用.

146 초등이화학 전
初等理化學 全

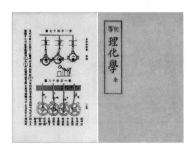

關本幸太郎·小倉鉀次(共著), 李弼善·陳熙星(普成館纘譯員 共譯纂),
普成館(發行), 光武11年7月30日(初版) 隆熙3年1月27日(再刊); 23.2×
15.9cm.
線裝本, 國漢文混用.

147 신찬중등무기화학 전
新纂中等無機化學 全

柳鎭永·具滋興(共纂), 李鍾楨(發行), 京城 : 光東書局·唯一書館(發
行), 隆熙4[1910]年7月20日; 23.0×15.3cm.
序 隆熙4[1910]年…金嘉鎭.
線裝本, 揷圖, 國漢文混用.

148 식물학(중)교과서
植物學(中)敎科書

普成館纘譯員尹泰榮(譯), 新活字本 2卷2冊中卷首. 京城 : 普成館(發行),
隆熙2[1908]年5月29日; 16.1×23.1cm.
線裝本, 揷圖, 國漢文混用.

149 식물학(중)교과서 부도
植物學(中)敎科書 附圖

2卷2冊中附圖.
線裝本, 揷圖, 國漢文混用.

150 국문신찬가정학 전
國文新撰家政學 全 녀즈보통신찬가정학

朴晶東(譯), 金雨均·李豊鎬(共閱), 新活字本 1冊, 鄭喜鎭(發行), 右文舘
(印刷), 隆熙元[1907]年9月; 22.3×14.5cm.
線裝本, 國漢文混用.

151 (학부편찬)학교체조교수서
(學部編纂)學校體操敎授書

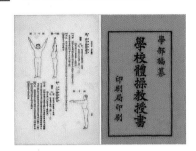

大韓帝國學部(編纂), 新活字本 1冊. (學部)印刷局(印刷), 隆熙
4[1910]年6月20日; 25.0×18.0cm.
洋裝本, 揷圖, 國漢文混用.

152 초등소학 일
初等小學 一

國民敎育會(著作), 新活字本 8卷4冊中卷 一, 國民敎育會(發行), 光武
10[1906]年12月20日.
四周雙邊, 半郭 18.1×11.9cm, 無界, 字數不定, 上內向黑魚尾; 23.3×
15.2cm.
線裝本, 揷圖, 國漢文混用.

153 초등소학 이
初等小學 二

8卷4冊中卷二.
線裝本, 揷圖, 國漢文混用.

154 초등소학 삼
初等小學 三

8卷4冊中卷三.
線裝本, 揷圖, 國漢文混用.

155 초등소학 사
初等小學 四

8卷4冊中卷四.
線裝本, 揷圖, 國漢文混用.

156 정정개판한일영신회화
訂正改版韓日英新會話

鮮于日·鄭雲復(著作), 新活字本 1冊, 森山美夫(發行), 京城: 日
韓書房, 明治42[1909]年1月(初版), 同年6月30日(訂正改版); 13.0×
19.0cm.
洋裝本, 國漢日文混用.

157 大東文粹
대동문수

張志淵·徽文義塾編輯部(編纂), 新活字本 1册. 徽文舘(發行), 光武 11[1907]年6月5日; 22.0×15.5cm.
序 光武11年...張志淵.
洋裝本. 漢文專用.

158 初等大韓地理 全
초등대한지리 전

安鍾和(著作), 新活字本 1册, 京城 : 廣德書館(發行), 隆熙4[1910]年 3月15日, 隆熙三[1909]年學部檢定 私立學校地理科初等教育學徒用; 22.1×15.1cm.
線裝本, 插圖, 國漢文混用.

159 精選地文敎科書 全
정선지문교과서 전

金東圭(編), 柳一宣(閱), 新活字本 1册. 京城 : 義進社(發行), 隆熙 3[1909]年; 21.3×14.3cm.
洋裝本, 插圖, 國漢文混用.

160 新訂東國歷史 卷一
신정동국역사 권일

元泳義·柳瑾(編輯), 張志淵(校閱), 新活字本 2卷2册中卷一, 漢城 : 徽文義塾印刷部(發行). 光武10[1906]年12月5日; 22.1×15.0cm.
線裝本, 國漢文混用.

161 新訂東國歷史 卷二
신정동국역사 권이

2卷2册中卷二.
線裝本, 國漢文混用.

162 新撰小博物學
신찬소박물학

兪星濬·金相天(著作兼發行), 新活字本 1册, 普文社(印刷), 廣學書 舖 外(發賣), 隆熙元[1907]年11月20日; 22.7×14.9cm.
線裝本, 插圖, 國漢文混用.

163 초등대한역사
初等**大韓歷史**

鄭寅琥(編輯·發行), 張世基(校閱), 新活字本 1冊, 玉虎書林(發行),
隆熙2年7月; 22.7×15.2cm.
序 隆熙2年…張世基.
線裝本, 揷圖, 國漢文混用.

164 간이상업부기학 전
簡易商業簿記學 全

任璟宰(編述兼發行), 兪承兼(校閱), 新活字本 1冊, 徽文舘(印刷兼
發賣), 隆熙2[1908]年(初版) 隆熙4[1910]年1月20日(再版); 22.0×
15.3cm.
線裝本, 國漢文混用.

165 경제교과서
經濟敎科書

和田坦謙三(著), 李炳台(譯), 金鳳俊(校閱), 李柄三(發行), 大邱：廣
文社(印刷), 隆熙2[1908]年4月; 22.6×16.0cm.
洋裝本, 國漢文混用.

166 초등산술교과서 상권
初等算術敎科書 上卷

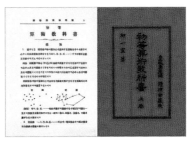

柳一宣(著), 皇城：精理舍(藏版), 池松旭(發行), 新活字本 3卷3冊中
卷上(零本), 隆熙2(初版) 隆熙4[1910]年5月5日(再版), 橫濱：東京印
刷株式會社橫濱分社(印刷); 22.0×15.5cm.
洋裝本, 國漢文混用.

167 산술교과서 상권
算術敎科書 上卷

李教承(編述), 新活字本2卷2冊中上卷(零本), 文華堂(發行), 京城：
京城日報社 印刷, 隆熙3[1909]年(隆熙3年學部檢定 私立學校高等教
育數學科學員用); 22.0×15.5cm.
洋裝本, 國漢文混用.

168 중등만국사
中等萬國史

兪承兼(編述), 新活字本 1冊, 京城：唯一書舘 (發行), 隆熙3[1909]年
8月31日; 21.8×15.0cm.
序 光武11[1907]年兪承兼.
線裝本, 國漢文混用.

169 법학통론
法學通論

朱定均(著述), 張燾(校閱), 京城日報社(印刷), 隆熙2[1908]年4月;
21.7×14.9cm.
序 隆熙2年…兪吉濬.
洋裝本. 國漢文混用.

170 신찬초등소학 일
新纂初等小學 一

玄采(編輯兼發行), 6卷6册中卷一. 東美書市(發行), 隆熙3[1909]年(初
刊) 大正3[1914]年3月28日, 學部檢定; 22.8×15.2cm.
線裝本, 揷圖, 國漢文混用.

171 신찬초등소학 이
新纂初等小學 二

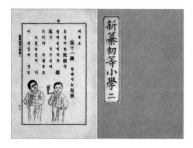

玄采(著作兼發行), 6卷6册中卷二, 京城 : 玄采家 發行. 隆熙3[1909]
年(初刊) 大正2[1913]年10月16日(再版), 學部檢定; 22.8×15.2cm.
線裝本, 揷圖, 國漢文混用.

172 신찬초등소학 삼
新纂初等小學 三

玄采(著作兼發行), 6卷6册中卷三, 京城 : 大昌書院(發行), 隆熙
3[1909]年(初刊) 大正2[1913]年4月23日(再版), 隆熙3年學部檢定 私
立學校朝鮮語科初等教育學徒用; 22.8×15.2cm.
線裝本, 揷圖, 國漢文混用.

173 신찬초등소학 사
新纂初等小學 四

玄采(著作兼發行), 6卷6册中卷四, 京城 : 玄采家 (發賣), 隆熙3[1909]
年9月23日, 隆熙3年學部檢定 私立學校朝鮮語科初等教育學徒用;
22.8×15.2cm.
線裝本, 揷圖, 國漢文混用.

174 신찬초등소학 오
新纂初等小學 五

玄采(著作兼發行), 6卷6册中卷五, 京城 : 玄采家 (發行), 隆熙3[1909]
年9月23日, 隆熙3年學部檢定 私立學校朝鮮語科初等教育學徒用;
22.8×15.2cm.
線裝本, 揷圖, 國漢文混用.

175　신찬초등소학 육
新纂初等小學 六

玄采(著作兼發行), 6卷6冊中卷六, 京城 : 玄采家 (發行), 隆熙3[1909]
年10月20日, 隆熙3年學部檢定; 22.8×15.2cm.
線裝本, 揷圖, 國漢文混用.

176　토지측량술 도근급세부측량지부
土地測量術 圖根及細部測量之部

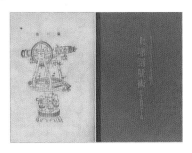

大韓帝國度支部臨時財産整理局測量課(編纂), 新活字本 1冊, 龍山印
刷局(發行兼印刷), 隆熙2[1908]年9月22日; 22.8×15.2cm.
洋裝本, 揷圖, 國漢文混用.

177　고등소학수신서 전
高等小學修身書 全

徽文義塾編輯部(編纂), 新活字本 1冊, 漢城 : 徽文館(發行), 隆熙元
[1907]年8月25日(初版) 隆熙2[1908]年6月20日(再版); 22.8×15.2cm.
線裝本, 國漢文混用.

178　국어문법 전
國語文法 全

周時經(著作兼發行), 新活字本 1冊, 京城 : 博文書館(發行), 隆熙
4[1910]年4月15日; 21.9×15.6cm.
洋裝本, 國漢文混用.

179　아국약사
俄國略史

抄譯本, 關斐迪(Frederic Galpin: 著述), 大韓帝國學部編輯局(輯譯), 新
活字本 1冊, 大韓光武2[1898]年4月; 23.2×14.9cm.
線裝本, 國漢文混用.

180　보통교육국민의범 전
普通教育國民儀範 全

陳熙星(譯述), 尹泰榮(校閱), 新活字本 1冊, 京城 : 義進社(發行), 隆
熙2[1908]年8月10日; 22.1×15.0cm
洋裝本, 國漢文混用.

181 小物理學
소물리학

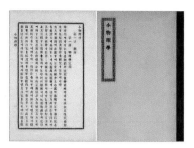

安衡中(譯述)　新活字本 1冊, 京城：普成館(印刷), 隆熙元[1907]年
12月30日；21.0×15.0cm.
洋裝本, 揷圖, 國漢文混用.

182 勞動夜學讀本
노동야학독본

俞吉濬(著述兼發行)，新活字本 1冊，京城日報社(印刷)，隆熙
2[1908]年7月13日；24.3×17.0cm.
線裝本, 揷圖, 國漢文混用.

183 農學初階 全
농학초계 전

普成舘繙譯員 黃潤德(譯)，新活字本 1冊. 京城：普成館(發行)，光武
11[1907]年7月30日；22.8×15.2cm.
線裝本, 國漢文混用.

184 新編小學敎授法 全
신편소학교수법 전

陳熙星(譯述)，新活字本 1冊，京城：義進社(發行)，隆熙2[1908]年10
月10日；21.0×15.0cm.
洋裝本, 國漢文混用.

185 精選萬國史
정선만국사

金祥演(撰述)，新活字本 1冊，京城：皇城新聞社(發行)，光武10[1906]
年9月12日；21.8×14.9cm.
線裝本, 國漢文混用.

186 新撰初等歷史 卷一
신찬초등역사 권일

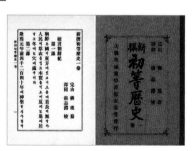

柳瑾(著)，張志淵(校)，新活字本 3卷3冊中卷一，皇城：廣德書舘(發
行)，隆熙4[1910]年4月5日；15.1×22.3cm.
洋裝本, 國漢文混用.

187 신찬초등역사 권이
新撰初等歷史 卷二

3卷3冊中卷二.
洋裝本. 國漢文混用.

188 신찬초등역사 권삼
新撰初等歷史 卷三

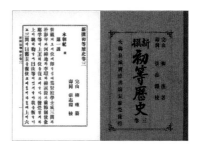

3卷3冊中卷三.
洋裝本. 國漢文混用.

189 언문
言文

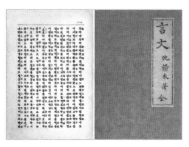

池錫永(著作), 鄭驥善(校閱), 廣學書舖 金相萬(發行), 新文館印出局(印刷), 융희3[1909]년6월20일; 22.2×15.2cm.
線裝本. 國漢文混用.

190 근세대수 상권
近世代數 上卷

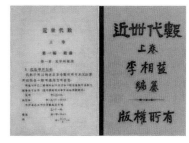

李相益(編纂), 新活字本 2卷2冊中上卷(零本), 隆熙3[1909]年; 21.9×15.2cm
洋裝本. 國漢文混用.

191 산학신편
Arithmetic-New Series(Advanced Volume)
算學新編

Mrs. Alex, A. Pieters, M.D. & Sin Hai Yong, 2nd ed., Korean Religious Tract Society Hulbert Educational Series, No. 7.
대미국의스필하와(져), 대한국스인신회영(슐), 두번재출판, 대한예수교서회(간인), 규강셩일쳔구빅팔년 대한륭희이년무신[1908]; 21.9×15.2cm.
線裝本. 國漢文混用.

192 최신초등소학 일
最新初等小學 一

鄭寅琥(編述兼發行), 李忠健(叅訂), 新活字本 4卷4冊中冊一, 普成社(印刷), 隆熙2年7月20日; 22.0×15.0cm.
線裝本, 揷圖, 國漢文混用.

193 최신초등소학 이
最新初等小學 二

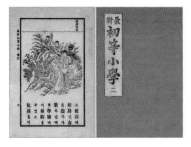

4卷4册中册二.
線裝本, 挿圖, 國漢文混用.

194 최신초등소학 삼
最新初等小學 三

4卷4册中册三.
線裝本, 挿圖, 國漢文混用.

195 최신초등소학 사
最新初等小學 四

4卷4册中册四.
線裝本, 挿圖, 國漢文混用.

196 동양사교과서 전
東洋史敎科書 全

兪鈺兼(著作兼發行), 兪星濬(校閱), 新活字本 1册, 京城：右文舘(印刷), 隆熙2[1908]年8月15日; 22.0×15.2cm.
線裝本, 國漢文混用.

197 서양사교과서
西洋史敎科書

兪鈺兼(著作), 兪星濬(校閱), 新活字本 1册, 漢城：廣韓書林, 隆熙4[1910]年8月15日, 隆熙3年學部檢定 私立學校歷史科(高等敎育學員用); 22.0×15.2cm.
洋裝本, 國漢文混用.

198 (학부편찬)일어독본 권일
(學部編纂)日語讀本 卷一

大韓帝國學部(編纂), 新活字本 8卷8册中卷一, 大倉書店(印刷), 光武11[1907]年2月(印刷); 22.0×15.0cm.
洋裝本, 挿圖, 日文專用.

199 (학부편찬)일어독본 권이
(學部編纂)日語讀本 卷二

8卷8冊中卷二, 光武11[1907]年2月(印刷).
洋裝本, 揷圖, 日文專用.

200 (학부편찬)일어독본 권삼
(學部編纂)日語讀本 卷三

8卷8冊中卷三, 光武11[1907]年2月(印刷).
洋裝本, 揷圖, 日文專用.

201 (학부편찬)일어독본 권사
(學部編纂)日語讀本 卷四

8卷8冊中卷四, 光武11[1907]年2月(印刷).
洋裝本, 揷圖, 日文專用.

202 (학부편찬)일어독본 권오
(學部編纂)日語讀本 卷五

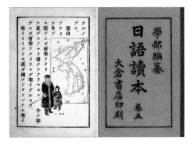

8卷8冊中卷五, 隆熙2[1909]年3月(印刷).
洋裝本, 揷圖, 日文專用.

203 (학부편찬)일어독본 권육
(學部編纂)日語讀本 卷六

8卷8冊中卷六, 隆熙2[1909]年3月(印刷).
洋裝本, 揷圖, 日文專用.

204 (학부편찬)일어독본 권칠
(學部編纂)日語讀本 卷七

8卷8冊中卷七, 隆熙2[1909]年3月(印刷).
洋裝本, 揷圖, 日文專用.

205

(학부편찬)일어독본 권팔

(學部編纂)日語讀本 卷八

8卷8册中卷八, 隆熙2[1909]年(初版) 隆熙3年11月1日(3版).
洋裝本, 揷圖, 日文專用.

206

보통교과동국역사 일

普通教科東國歷史 一

玄采(編著), 大韓帝國學部(發行), 新活字本 5卷2册中卷首~卷三, 光武3[1899]年; 22.8×16.2cm.
序 光武3[1899]年…學部編輯局長李圭桓.
線裝本, 國漢文混用.

＊ 판권지 없이 발행된 것으로, 서에 의거하여 발행년을 추정함.

207

보통교과동국역사 이

普通教科東國歷史 二

5卷2册中卷四~伍.
線裝本, 國漢文混用.

208

소학한문독본 상편

小學漢文讀本 上編

元泳義(纂輯兼發行), 新活字本 2卷2册中卷上, 普成社(印刷), 隆熙2[1908]年2月; 21.7×15.0cm.
線裝本, 國漢文混用.

209

소학한문독본 하편

小學漢文讀本 下編

2卷2册中卷下.
線裝本, 國漢文混用.

210

학부편찬도화임본 권일

(學部編纂)圖畫臨本 卷一

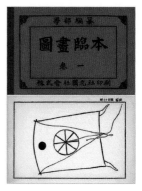

大韓帝國學部(編纂), 新活字本 4卷4册中卷一, 株式會社國光社(印刷), 光武11[1907]年2月(印刷); 14.4×21.7cm.
洋裝本, 揷圖, 漢文專用.

211 학부편찬도화임본 권이
(學部編纂)圖畵臨本 卷二

大韓帝國學部(編纂), 新活字本 4卷4冊中卷二, 株式會社國光社(印刷),
광무11[1907]年2月(印刷); 14.4×21.7cm.
洋裝本, 揷圖, 漢文專用.

212 학부편찬도화임본 권삼
(學部編纂)圖畵臨本 卷三

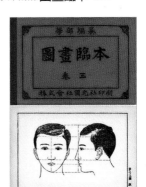

大韓帝國學部(編纂), 新活字本 4卷4冊中卷三, 株式會社國光社(印刷),
隆熙3[1909]年3月15日(改版); 14.4×21.7cm.
洋裝本, 揷圖, 漢文專用.

213 학부편찬도화임본 권사
(學部編纂)圖畵臨本 卷四

大韓帝國學部(編纂), 新活字本 4卷4冊中卷四, 株式會社國光社(印刷),
隆熙2[1908]年3月5日(印刷); 14.4×21.7cm.
洋裝本, 揷圖, 漢文專用.

214 문답대한신지지
問答大漢新地誌

博文書館編輯部(著述), 新活字本 1冊; 皇城 : 博文書館, 隆熙2[1908]
年12月10日; 22.0×15.1cm.
序 隆熙2[1908]年…玄采.
線裝本, 國漢文混用.

215 대한신지지 건
大韓新地志 乾

張志淵(編著), 新活字本 2卷2冊中卷一, 南章熙(發行), 徽文舘(印刷),
光武11[1907]年6月15日(初版) 隆熙2[1908]年12月15日(再版); 22.0×
14.5cm.
序 光武11[1907]年…南廷哲; 光武11[1907]年…張志淵.
線裝本, 揷圖, 國漢文混用.

216 대한신지지 곤
大韓新地志 坤

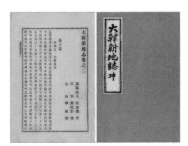

2卷2冊中卷二.
線裝本, 揷圖, 國漢文混用.

217 초등국어어전 일
初等國語語典 一

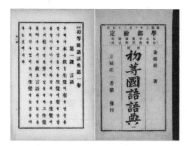

金熙祥(著作兼發行), 新活字本 3卷3冊中卷一(零本), 京城 : 唯一書館(發行), 隆熙3年2月20日(初版) 隆熙4年2月8日(再版) 隆熙三年十月二十五日學部檢定 私立學校國語科初等教育學徒用; 22.3×15.0cm.
洋裝本, 國漢文混用.

218 초등국어어전 삼
初等國語語典 三

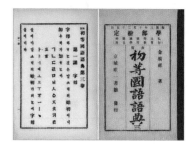

3卷3冊中卷三.
洋裝本, 國漢文混用.

219 고등교과 고문약선
高等教科古文略選

編者未詳, 新活字本 1冊, 發行年·發行者 未詳; 24.5×16.8cm.
線裝本, 漢文專用.

220 만국사기 권일
萬國史記 卷一

玄采(譯述), 新活字本 32卷14冊中卷一(零本), 發行地不明, 光武9[1907]年 et al.; 22.9×15.4cm.
線裝本, 國漢文混用.

221 (학부편찬)보통학교학도용 한문독본 권삼
(學部編纂)普通學校學徒用漢文讀本 卷三

大韓帝國學部(編纂), 新活字本 4卷4冊中卷三(零本)1冊, 博文館印刷所(印刷), 光武11[1907]年2月1日(初版) 隆熙4[1910]年8月20일(6版); 22.1×14.9cm.
洋裝本, 漢文專用.

222 신찬외국지지 상
新撰外國地誌 上

陳熙星(繙譯), 日新社編輯部(發行), 隆熙元[1907]年9月30日; 22.3×15.0cm.
線裝本, 國漢文混用.

223 新撰**外國地誌** 下
신찬외국지지 하

陳熙星(繙譯), 日新社編輯部(發行), 隆熙元[1907]年9月30日; 22.3×
15.0cm.
線裝本, 國漢文混用.

224 初等**萬國地理大要** 全
초등만국지리대요 전

安鍾和(著述), 元泳義(校閱), 新活字本 1冊, 京城 : 徽文館(발행), 隆
熙3[1909]年; 22.3×15.0cm.
序: 隆熙二(1908)年…安鍾和.
線裝本, 國漢文混用.

일제강점기
(1910~1945)

* 제3집에 보이는 대상본의 수량(123책)은 변함이 없으나, 최종 확정 시 이중 2~3건은 같은 시기의 다른 자료로 교체될 수 있음.

* 발행년 등의 표시에서, 정확하지 않거나 추정한 수자 앞에는 c.(circa)를 표시했음.

* 지은이, 발행소, 발행년 등이 복수이나, 이중 일부가 생략될 경우 이를 et al.(et alii)로 나타냈음.

* 발행년에서, 연호와 해당 연도를 표시한 후 [ ] 안에 서력 연도를 부기했음.

* 규격은 세로×가로임.

225 (조선총독부편찬)보통학교조선어급한문독본 권일
(朝鮮總督府編纂)
普通學校朝鮮語及漢文讀本 卷一

朝鮮總督府(編纂), 庶務局印刷所(印刷), 大正4[1915]年3月15日(大正 5[1916]年9月25日增刷本); 21.9×15.0cm.

226 (조선총독부편찬)보통학교조선어급한문독본 권이
(朝鮮總督府編纂)
普通學校朝鮮語及漢文讀本 卷二

朝鮮總督府(編纂) 東京 ; 凸版印刷株式會社(印刷), 大正4[1915]年3 月15日(大正11[1922]年3月15日增刷本); 21.5×15.1cm.

227 (조선총독부편찬)보통학교조선어급한문독본 권삼
(朝鮮總督府編纂)
普通學校朝鮮語及漢文讀本 卷三

朝鮮總督府(編纂) 總務局印刷所(印刷), 大正6[1917]年3月10日(大正 7[1918]年8月10日增刷本); 21.9×15.0cm.

228 (조선총독부편찬)보통학교조선어급한문독본 권사
(朝鮮總督府編纂)
普通學校朝鮮語及漢文讀本 卷四

朝鮮總督府(編纂) 朝鮮書籍印刷株式會社(印刷), 大正12[1923]年5月 30日; 21.9×15.0cm.

229 (조선총독부편찬)보통학교조선어급한문독본 권오
(朝鮮總督府編纂)
普通學校朝鮮語及漢文讀本 卷五

朝鮮總督府(編纂) 庶務部印刷所(印刷), 大正9[1920]年8月1日(初版) 大正11[1922]年(增刷本); 22.3×15.3cm.

230 (조선총독부편찬)보통학교조선어급한문독본 권육
(朝鮮總督府編纂)
普通學校朝鮮語及漢文讀本 卷六

朝鮮總督府(編纂) 庶務部印刷所(印刷), 大正10[1921]年8月25日, 大 正11[1922]年10月30日(增刷); 22.0×15.0cm.

231 보통학교조선어사전 부한자자전
普通學校**朝鮮語辭典** 附漢字字典

京城師範學校訓導沈宜麟(編纂), 京城：以文堂(發行), 大正15[1925]年10月20日(初版) 昭和5[1930]年4月10日(3版); 19.0×13.0cm.

232 말의소리

周時經(著作兼發行), 石印本, 京城：新文舘, 大正3[1914]年4月13日; 18.8×13.1cm.
線裝本. 國漢文混用.

233 조선어문법
朝鮮語文法

周時經(著作), 京城：博文書舘(發行), 文明社(印刷), 明治44[1911]年12月29日; 22.0×15.0cm.

234 조선말본

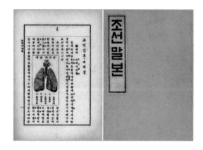

金枓奉(著), 京城：새글집[新文舘](發行), 大正5[1916]年4月13日; 22.5×15.4cm.
線裝本. 國漢文混用.

235 중등조선말본

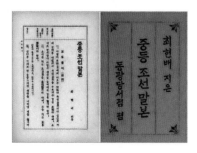

최현배(지음), 京城：東光堂書店(發行), 漢城圖書株式會社(印刷). 昭和9[1934]年4月5日(初版), 昭和9年9月5日(再版); 22.0×15.0cm.

236 조선어전
朝鮮語典

金熙祥(著作), 京城：普及書館(發行・發賣), 日韓印刷株式會社(印刷), 明治44[1911]年10月15日; 22.0×15.0cm.

237 조선어전 초본
朝鮮語典 抄本

張志暎(著), 油印本, 發行地 發行年 未詳; 22.4×16.1cm.
線裝本. 國漢文混用.

238 조선어문법제요 상편
朝鮮語文法提要 上篇

姜邁(著作), 京城 : 廣益書舘(發行), 大正10[1919]年3月30日; 22.0×14.9cm.
線裝本. 國漢文混用.

239 중등교과조선어문전 전
中等教科朝鮮語文典 全

李完應(著作), 京城 : 朝鮮語研究會(發行), 昭和4[1929]年1月23日(初版) 昭和9[1934]年3月15日(3版); 22.3×14.7cm.

240 현금조선문전
現今朝鮮文典

李奎榮(撰), 京城 : 新文舘(藏板), 大正9[1920]年7月12日; 21.6×15.0cm.
線裝本. 國漢文混用.

241 조선어교제문전 부주해
Schlüssel zur Koreanschen Konversations=Grammatik 朝鮮語交際文典 附註解

P. Andreas Eckardt(玉樂安, 著), 조선원산부천주당(발행), Heidelberg : Julius Groos Verlag(발행소), 1923년3월; 20.6×13.1cm.
序 P. Andreas Eckardt 서울성베네딕트수도원에서.

242 중등학교조선어문법 전
中等學校朝鮮語文法 全

京城女子師範學校沈宜麟(著作), 朝鮮語研究會(發行), 昭和11[1936]年(1版) 昭和13[1938]年3月20日(3版) 昭和11年朝鮮總督府檢定濟(高等普通學校朝鮮語及漢文科用); 22.1×15.0cm.

243 수정중등조선어작문법 전
修正中等朝鮮語作文法 全

姜邁(著作), 張志暎(한글校閱), 博文書舘(發行), 昭和6[1931]年4月25
日. 22.3×15.0cm.
線裝本. 國漢文混用.

* 養正高等普通學校 金昌烈 所藏記 있음.

244 중등학교조선어교과서 상권
中等學校朝鮮語教科書 上卷

李完應 · 伊藤韓堂(共著), 伊藤卯三郎(編輯兼發行), 京城 : 朝鮮語
研究會(發行), 昭和3[1928]年10月1日 昭和6[1931]年2月3日(昭和
4[1929]年朝鮮總督府檢定濟 中學校朝鮮語科用); 22.8×14.9cm.

245 속성조선어독본 전
速成朝鮮語讀本 全

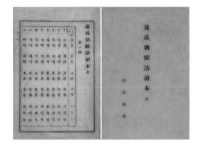

忠清南道(著作兼發行), 朝鮮印刷株式會社(印刷), 昭和7[1932]年11月
25日; 21.7×15.0cm.

246 학생계몽대용 한글공부
學生啓蒙隊用 한글공부

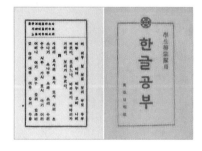

李允宰(著作), 東亞日報社(發行), 昭和9[1934]年7月1日; 19.0×
15.0cm.

247 (정정)보통학교학도용한문독본 권이
(訂正)普通學校學徒用漢文讀本 卷二

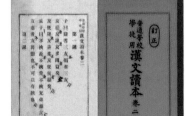

朝鮮總督府(著作兼發行), 總務局印刷所(印刷), 明治44[1911]年3月13
日(初版) 大正三[1914]年3月15日; 22.0×15.0cm.

248 보통학교한문독본 제오학년용
普通學校漢文讀本 第五學年用

朝鮮總督府(著作兼發行), 朝鮮書籍印刷株式會社(翻刻發行兼印刷), 大
正12[1923]年12月15日(初版) 同年12月20日(翻刻發行); 22.0×15.0cm.

249 중등한문독본 권일
中等漢文讀本 卷一

朝鮮總督府(著作兼發行), 朝鮮書籍印刷株式會社(翻刻發行兼印刷), 昭和17[1942]年[翻刻發行] 昭和19[1944]年12月11日(3版); 20.5×14.4cm.

250 고등한문독본
高等漢文讀本

朴殷植(輯), 漢城 : 新文舘(發行), 明治43[1910]年9月30日; 22.7×15.4cm.
線裝本, 漢文專用.

251 (조선총독부편찬)보통학교농업서 권일
(朝鮮總督府編纂)普通學校農業書 卷一

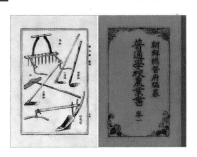

朝鮮總督府(編纂), 總務局印刷所(印刷), 大正3[1914]年3月15日(初版) 大正5[1916]年2月29日(6版); 22.2×14.9cm.

252 (조선총독부편찬)보통학교농업서 권이
(朝鮮總督府編纂)普通學校農業書 卷二

朝鮮總督府(編纂), 庶務部印刷所(印刷), 大正3[1914]年3月25日(大正10[1921]年6月30日增刷本); 22.2×14.9cm.

253 (조선총독부편찬)비료교과서
(朝鮮總督府編纂)肥料敎科書

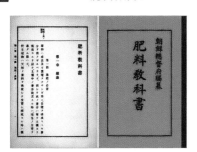

朝鮮總督府(編纂), 東京 : 凸版印刷株式會社(印刷), 大正3[1914]年1月15日(大正11[1922]年增刷); 22.2×15.2cm.

254 초등농업서 권이
初等農業書 卷二

朝鮮總督府(著作兼發行), 朝鮮書籍印刷株式會社(印刷), 大正13[1924]年4月30日(翻刻發行); 22.0×15.2cm.

255 잠업지남
蠶業指南

慶尙北道內務部(編纂), 大邱府 : 大邱印刷合資會社(印刷), 明治
45[1912]年1月; 15.2×22.5cm.
序 辛亥…內務部長齋藤禮三.

＊ 표지에, 大邱公立普通學校所藏印 있음.

256 몽학이천자
蒙學二千字

李鍾麟(撰), 梁承坤(編), 木版本 不分卷 1冊(48張), 全州 : 梁冊房,
1937年.
四周雙邊, 半郭16.3x14.5cm, 5行4字, 上下內向黑魚尾; 25.4x17.9cm.
線裝本. 國漢文混用.

＊ 完板坊刻本임.

257 초보영어자통
初步英語自通 *Primary English Language for Korean Students*

張斗撤(著), 씨비드 이한(校閱), 京城 : 語學硏究會(編纂), 世昌書舘(
發行), 昭和年間, 14.7×9.5cm

＊ 板權紙 落張, 內題는 初等英語獨學임.

258 개정초학첩경 권일
改正初學捷徑 卷一

韓承坤(著), 新活字本 2卷2冊中卷一, 京城 : 東洋書院, 大正3[1912]년.
四周雙邊 半郭 18.8×11.5cm, 無界, 上下向黑魚尾; 22.4×15.1cm.
序 隆熙二年戊申[1908]年八月十五日
刊記 大正元[1912]年十二月一日.
線裝本, 揷圖, 國漢文混用.

259 개정초학첩경 권이
改正初學捷徑 卷二

2卷2冊中卷二.
線裝本, 揷圖, 國漢文混用.

260 고본고등조선어급한문독본 권일
稿本高等朝鮮語及漢文讀本 卷一

朝鮮總督府(編纂), 庶務部印刷所(印刷), 大正2[1913]年3月15日(大正
10[1921]年2月10日增刷); 22.0×15.1cm.
線裝本, 國漢文混用.

261 신편고등조선어급한문독본 권일
新編高等朝鮮語及漢文讀本 卷一

朝鮮總督府(著作兼發行), 朝鮮書籍印刷株式會社(翻刻發行兼印刷),
大正13[1924]2月20日(翻刻發行); 22.2×15.1cm.
線裝本, 國漢文混用.

262 신편고등조선어급한문독본 권이
新編高等朝鮮語及漢文讀本 卷二

朝鮮總督府(著作兼發行), 朝鮮書籍印刷株式會社(翻刻發行兼印刷),
大正13[1924]년(初版) 同年2月20日(翻刻發行); 22.2×15.1cm.
線裝本, 國漢文混用.

263 신편고등조선어급한문독본 권삼
新編高等朝鮮語及漢文讀本 卷三

朝鮮總督府(著作兼發行), 朝鮮書籍印刷株式會社(翻刻發行兼印刷),
大正13[1924]年3月28日(初版) 同年4月5日(翻刻發行); 22.2×15.1cm.
線裝本, 國漢文混用.

264 신편고등조선어급한문독본 권사
新編高等朝鮮語及漢文讀本 卷四

朝鮮總督府(著作兼發行), 朝鮮書籍印刷株式會社(翻刻發行兼印刷),
大正13[1924]년(初版) 同年2月20日(翻刻發行); 22.2×15.1cm.
線裝本, 國漢文混用.

265 신편고등조선어급한문독본 권오
新編高等朝鮮語及漢文讀本 卷五

朝鮮總督府(著作兼發行), 朝鮮書籍印刷株式會社(翻刻發行兼印刷),
大正15[1926]年3月31日; 22.2×15.1cm.
線裝本, 國漢文混用.

266 고등조선어급한문독본석자주해 권사
高等朝鮮語及漢文讀本釋字註解 卷四

呂圭亨·李元祐(共著), 京城：東昌書屋(發行), 大正7[1918]年11月25
日(初版) 大正11[1922]年4月6日(再版); 22.0×15.1cm.
線裝本, 國漢文混用.

普通學校朝鮮語讀本 卷一

朝鮮總督府(著作兼發行), 朝鮮書籍印刷株式會社(翻刻發行兼印刷), 大正12[1923]年7月10日(翻刻發行); 22.0×15.1cm.

普通學校朝鮮語讀本 卷二

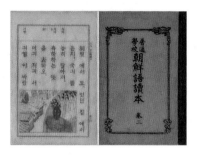

朝鮮總督府(著作兼發行), 朝鮮書籍印刷株式會社(翻刻發行兼印刷), 大正13[1924]年1月31日(翻刻發行); 22.1×15.2cm.

普通學校朝鮮語讀本 卷三

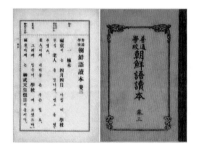

朝鮮總督府(著作兼發行), 朝鮮書籍印刷株式會社(翻刻發行兼印刷), 大正12[1923]年1月15日; 22.0×15.2cm.

(訂正)普通學校朝鮮語讀本 卷四

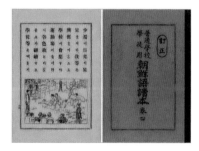

朝鮮總督府(著作兼發行), 朝鮮書籍印刷株式會社(翻刻發行兼印刷), 大正13[1924]年1月12日(初版) 大正13[1914]年1月20日(翻刻發行); 22.0×15.1cm.

普通學校朝鮮語讀本 卷五

朝鮮總督府(著作兼發行), 朝鮮書籍印刷株式會社(翻刻發行兼印刷), 大正13[1924]年1月25日(發行) 同年1月31日(翻刻發行); 22.2×15.1cm.

普通學校朝鮮語讀本 卷六

朝鮮總督府(著作兼發行), 朝鮮書籍印刷株式會社(翻刻發行兼印刷), 大正13[1924]年(初版) 同年2月27日(翻刻印刷兼發行); 22.1×15.2cm

273 (訂正)보통학교조선어독본 권칠
(訂正)普通學校朝鮮語讀本 卷七

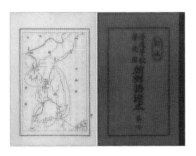

朝鮮總督府(著作兼發行), 總務局印刷所(印刷), 明治44[1911]年3月13
日; 22.0×15.0cm.

274 (訂正)보통학교조선어독본 권팔
(訂正)普通學校朝鮮語讀本 卷八

朝鮮總督府(著作兼發行), 總務局印刷所(印刷), 明治44[1911]年6月13
日(初版) 大正2[1913]年1月15日(5版); 22.2×15.0cm

275 보통학교조선어독본 권일
普通學校朝鮮語讀本 卷一

朝鮮總督府(著作兼發行), 朝鮮書籍印刷株式會社(鏤刻發行兼印刷),
昭和5[1930]年3月31日(翻刻發行) 昭和12[1937]年12月20日(改訂翻刻
發行); 22.1×15.0cm.

276 조선어독본 권이
朝鮮語讀本 卷二

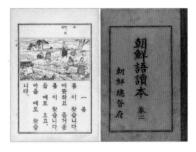

朝鮮總督府(著作兼發行), 朝鮮書籍印刷株式會社(鏤刻發行兼印刷),
昭和6[1931]年3月28日(翻刻發行) 昭和12[1937]年2月20日(改訂翻刻
發行); 22.0×15.0cm.

277 조선어독본 권삼
朝鮮語讀本 卷三

朝鮮總督府(著作兼發行), 朝鮮書籍印刷株式會社(鏤刻發行兼印刷), 昭
和16[1941]年3月31日(翻刻發行) 昭和17[1942]年9月30日(3版); 22.0×
15.0cm.

278 보통학교조선어독본 권사
普通學校朝鮮語讀本 卷四

朝鮮總督府(著作兼發行), 朝鮮書籍印刷株式會社(鏤刻發行兼印刷),
昭和8[1933]年1月25日(翻刻發行); 21.9×15.0cm

279 보통학교조선어독본 권오
普通學校**朝鮮語讀本** 卷五

朝鮮總督府(著作兼發行), 朝鮮書籍印刷株式會社(飜刻發行兼印刷),
昭和9[1934]年3月25日(翻刻發行); 22.0×15.0cm.

280 보통학교조선어독본 권육
普通學校**朝鮮語讀本** 卷六

朝鮮總督府(著作兼發行), 朝鮮書籍印刷株式會社(飜刻發行兼印刷),
昭和10[1935]年3月31日(翻刻發行); 21.9×15.1cm.

281 보통학교수신서 권일
普通學校**修身書** 卷一

朝鮮總督府(著作兼發行), 朝鮮書籍印刷株式會社(飜刻發行兼印刷),
昭和5[1930]年2月5日(翻刻發行); 22.0×15.1cm.

282 (조선총독부편찬)보통학교수신서 권이 생도용
(朝鮮總督府編纂)普通學校**修身書** 卷二 生徒用

朝鮮總督府(著作兼發行), 總務局印刷所(印刷), 大正2[1913]年10月15
日 大正3[1914]年4月30日(再版); 22.1×15.1cm.

283 보통학교수신서 권삼 아동용
普通學校**修身書** 卷三 兒童用

朝鮮總督府(著作兼發行), 朝鮮書籍印刷株式會社(飜刻發行兼印刷),
大正12[1923]年1月25日 同年年6月3日(翻刻發行); 22.0×15.3cm.

284 (조선총독부편찬)보통학교수신서 권사 생도용
(朝鮮總督府編纂)普通學校**修身書** 卷四 生徒用

朝鮮總督府(著作兼發行), 總務局印刷所(印刷), 大正3[1914]年初版
大正5[1916]年1月25日(再版); 22.1×15.1cm.

285 (조선총독부편찬)보통학교수신서 권이 교사용
(朝鮮總督府編纂)普通學校修身書 卷二 敎師用

朝鮮總督府(著作兼發行), 總務局印刷所(印刷), 大正3[1914]年3月15
日(發行); 22.2×15.2cm.

286 여자고등보통학교수신서 권일
女子高等普通學校修身書 卷一

朝鮮總督府(著作兼發行者), 朝鮮書籍印刷株式會社(翻刻發行兼印刷),
大正14[1925]年2月28日(翻刻發行); 22.0×15.0cm.

287 (조선총독부편찬)보통학교국어독본 권일
(朝鮮總督府編纂)普通學校國語讀本 卷一

朝鮮總督府(編纂), 庶務部印刷所(印刷), 大正元[1912]年12月15日(初
版) 大正7[1918]年2月25日(訂正再版)(大正11[1922]年2月10日增刷);
22.1×15.1cm.

288 보통학교국어독본 권일
普通學校國語讀本 卷一

朝鮮總督府(著作兼發行), 朝鮮書籍印刷株式會社(翻刻發行兼印刷),
昭和5[1930]年2月5日(翻刻發行); 21.9×15.0cm.

289 사년제보통학교국어독본 권오
四年制普通學校國語讀本 卷五

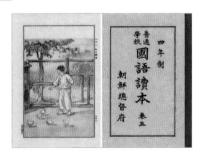

朝鮮總督府(著作兼發行), 朝鮮書籍印刷株式會社(翻刻發行兼印刷),
昭和8[1933]年2月25日(翻刻發行); 22.0×15.0cm.

290 보통학교국사 권일
普通學校國史 卷一

朝鮮總督府(著作兼發行), 朝鮮書籍印刷株式會社(翻刻發行兼印刷),
昭和7[1932]年(翻刻發行) 同年3月10日(改訂翻刻發行); 21.6×14.9cm.

291 보통학교국사교수참고서 전 (조선사역교재)
普通學校國史敎授參考書 全 (朝鮮事歷敎材)

朝鮮總督府(著作兼發行), 朝鮮書籍印刷株式會社(翻刻發行兼印刷),
大正15[1926]年5月25日(翻刻發行); 22.2×15.1cm.

292 신편조선역사
新編朝鮮歷史

黃義敦(著), 京城 ： 以文堂(發行), 大正12[1923]年(初版) 昭和
4[1929]年9月10日(4版); 21.9×15.1cm.

293 초등지리 권일
初等地理 卷一

朝鮮總督府(著作兼發行), 朝鮮書籍印刷株式會社(翻刻發行兼印刷),
昭和15[1940]년3월15일(翻刻發行); 22.2×15.1cm.

294 초등지리 제오학년
初等地理 第五學年

朝鮮總督府(著作兼發行), 朝鮮書籍印刷株式會社(翻刻發行兼印刷),
昭和19[1944]年3月28日(翻刻發行); 20.7×15.0cm.

295 보통학교지리보충교재 전 아동용
普通學校地理補充敎材 全 兒童用

朝鮮總督府(著作兼發行), 朝鮮書籍印刷株式會社(翻刻發行兼印刷),
大正12[1923]年2月1日(初版) 大正12年11月30日(翻刻發行); 22.1×
15.0cm.

296 현대조선문예독본 권일
現代朝鮮文藝讀本 卷一

鄭烈模(編輯兼發行), 京城 ： 殊芳閣(發行), 昭和4[1929]年4月2日;
21.8×14.8cm.
線裝本, 國漢文混用.

297 중등교육조선어급한문독본 권일
中等教育 朝鮮語及漢文讀本 卷一

朝鮮總督府(著作兼發行), 朝鮮書籍印刷株式會社(翻刻發行兼印刷),
昭和8[1933]年3月28日; 22.2×15.0cm.

298 중등교육조선어급한문독본 권이
中等教育 朝鮮語及漢文讀本 卷二

朝鮮總督府(著作兼發行), 朝鮮書籍印刷株式會社(翻刻發行兼印刷),
昭和8[1933]年12月15日; 22.2×15.0cm.

299 중등교육조선어급한문독본 권삼
中等教育 朝鮮語及漢文讀本 卷三

朝鮮總督府(著作兼發行), 朝鮮書籍印刷株式會社(翻刻發行兼印刷),
昭和10[1935]年3月31日(翻刻發行); 22.2×15.0cm.

300 중등교육한문독본 권오
中等教育 漢文讀本 卷五

朝鮮總督府(著作兼發行), 朝鮮書籍印刷株式會社(翻刻發行兼印刷),
昭和5[1930]年4月20日(翻刻發行); 22.1×14.9cm.

301 (조선총독부편찬)보통학교습자첩 권일
(朝鮮總督府編纂)普通學校習字帖 卷一

朝鮮總督府(編纂), 庶務部印刷所(印刷), 大正2[1913]年3月15日(初版) 大
正7[1918]年2月10日(訂正再版) 大正11[1922]年6月增刷本; 22.0×7.6cm.

302 보통학교가키가타데혼 제이학년용상
普通學校 書キ方手本 第二學年用上

朝鮮總督府(著作兼發行), 朝鮮書籍印刷株式會社(翻刻發行兼印刷),
大正13[1924]年1月30日(翻刻發行); 22.2×7.5cm.

303 보통학교가키가타데혼 제삼학년용상
普通學校書キ方手本 第三學年用上

朝鮮總督府(著作兼發行), 朝鮮書籍印刷株式會社(翻刻發行兼印刷),
大正13[1924]年1月30日(翻刻發行); 22.2×7.5cm.

304 (정정)보통학교학도용습자첩 권사
(訂正)普通學校學徒用習字帖 卷四

版權記 없음; 21.9×7.3cm.

* 다이쇼 연간(1912~1926) 조선총독부에서 편찬 · 발행한 것으로 추정됨.

305 언문톄첩 권상
언문톄첩 권상 諺文體帖 卷上

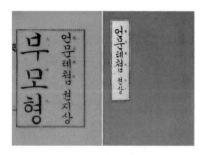

李源生(編輯兼發行), 以文堂編輯部(編纂), 石印本 2卷2冊中卷上. 以
文堂(發行), 大正6[1917]年11月1日.
四周雙邊, 半郭16.3x10.3cm, 無界, 4行6字, 上下向二葉花紋魚尾;
20.0x13.8cm.
線裝本, 國漢文混用.

306 언문톄첩 권하
언문톄첩 권하 諺文體帖 卷下

2卷2冊中卷下.
線裝本, 國漢文混用.

307 간이학교산술서 제일학년아동용
普通學校算術書 第一學年兒童用

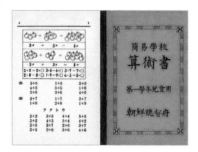

朝鮮總督府(著作兼發行), 朝鮮書籍印刷株式會社(翻刻發行兼印刷),
昭和10[1935]年3月21日(翻刻發行); 22.1×15.0cm.

308 카즈노혼 이찌넹 상
カズノホン[셈본] 一ネン(1년)上

テウセンソウトクフ[朝鮮總督府](著作兼發行), 朝鮮書籍印刷株式會
社(發行兼印刷), 昭和17[1942]年; 20.8cm×15.0cm.

309 심상소학산술서 제오학년아동용
尋常小學**算術書** 第五學年兒童用

文部省(著作兼發行), 大阪 : 大阪書籍株式會社(翻刻發行兼印刷), 大正9[1920]年10月30日 同年12月27日(大正9年文部省檢定濟); 18.7×12.8cm.

310 산술문제신해법전서(완전수잡제부)
算術問題新解法全書(完全數雜題部)

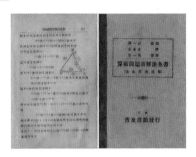

安 一英(著作), 柳 一宣(校閱), 京城 : 普及書館(發行), 明治44[1911]年8月7日; 19.0×12.9cm.

311 속성주산독습
速成**珠算獨習**

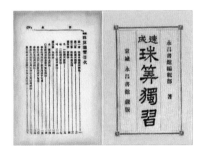

永昌書館編輯部(著作), 京城 : 永昌書館(發行), 昭和9[1934]年; 18.8×12.0cm.

312 보통학교학도용도화임본 권일
普通學校學徒用**圖畫臨本** 卷一

朝鮮總督府(著作兼發行), 總務局印刷所(印刷), 大正3[1914]年3月15日(發行); 22.2×15.2cm.

313 보통학교도화첩 제삼학년 아동용
普通學校圖畫帖 第三學年 兒童用

朝鮮總督府(著作兼發行), 朝鮮書籍印刷株式會社(翻刻發行兼印刷), 大正15[1926]年1月31日; 15.0×22.1cm.

314 보통학교도화첩 제육학년 아동용
普通學校圖畫帖 第六學年 兒童用

朝鮮總督府(著作兼發行), 朝鮮書籍印刷株式會社(翻刻發行兼印刷), 大正15[1926]年1月31日(翻刻發行); 15.1×22.0cm.

315 (문부성저작)초등과도화 제삼학년
(文部省著作)初等科圖畫 第三學年

文部省(著者), 朝鮮總督府(發行), 昭和18[1943]年; 14.6×20.8cm.

316 초등공작 제삼학년
初等工作 弟三學年

朝鮮總督府(編纂), 昭和19[1944]年; 14.9×21.1cm.

317 (조선총독부편찬)보통학교이과서 권일 생도용
(朝鮮總督府編纂)普通學校理科書 卷一 生徒用

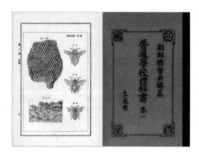

朝鮮總督府(編纂), 總務局印刷所(印刷), 大正2[1913]年2月15日(初版
) 大正6[1917]年9月20日(增刷); 22.1×15.0cm.

318 (조선총독부편찬)보통학교이과서 권이 생도용
(朝鮮總督府編纂)普通學校理科書 卷二 生徒用

朝鮮總督府(編纂), 庶務部印刷所(印刷), 大正2[1913]年(初版) 大正
10[1921]年3月15日(訂正再版) 大正10年6月30日(增刷); 22.1×15.0cm.

319 초등이과서 권일
初等理科書 卷一

朝鮮總督府(著作兼發行), 朝鮮書籍印刷株式會社(翻刻發行兼印刷),
昭和6[1931]年3月31日(翻刻發行); 22.2×15.2cm.

320 초등이과 권이
初等理科 卷二

朝鮮總督府(著作兼發行), 朝鮮書籍印刷株式會社(發行), 昭和
12[1937]年3月31日(翻刻發行); 21.4×15.1cm.

321
초등이과 권삼
初等理科 卷三

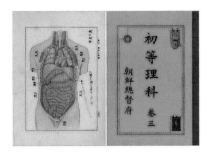

朝鮮總督府(著作兼發行), 朝鮮書籍印刷株式會社(發行), 昭和
13[1938]年2月28日(翻刻發行); 21.2×15.0cm.

322
(조선총독부편찬)교육학교과서
(朝鮮總督府編纂)教育學教科書

朝鮮總督府(著作兼發行), 朝鮮總督官房庶務部印刷所(印刷), 大正元
[1912]年(初版), 大正5[1916]年5月28日(訂正再版), 大正9年增刷本;
22.3×15.1cm.

* 본디, 동일한 내용을 전반부에는 일문으로, 후반부에는 조선문으로 수록하여 발행한 것이
나, 본 복간에서는 조선문만 떼내서 영인함.

323
보통학교하기과제장 제사학년
普通學校夏期課題帳 第四學年

京城女子高等普通學校附屬普通學校研究會(編纂), 教育普成株式會
社(發行), 大正12[1923]年6月20日; 20.5×14.1cm.

324
동계학습장 심상과제일학년
冬季學習帳 尋常科第一學年

朝鮮總督府學務局內朝鮮教育會(編纂·發行), 朝鮮印刷株式會社(印
刷), 昭和15[1940]年12月5日; 21.0×15.0cm

325
농촌진흥조선어독본 권상
農村振興朝鮮語讀本 卷上

農村振興教育研究會(編纂), 京城 : 明文堂(發行), 昭和11[1936]年9月
30日(發行); 21.8×14.6cm

326
농촌속습조선어독본
農村速習朝鮮語讀本

國民教育研究會 杉浦勘藏(著作兼發行), 京城 : 正文堂(發行), 昭和
12[1937]年11月15日; 22.0×15.1cm.

327 간이학교조선어독본 권일
簡易學校**朝鮮語讀本** 卷一

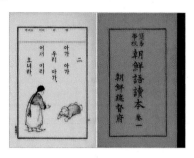

朝鮮總督府(著作兼發行), 朝鮮書籍印刷株式會社(翻刻發行兼印刷), 昭和10[1935]年3月25日(翻刻發行); 22.0×15.1cm.

328 간이학교조선어독본 권이
簡易學校**朝鮮語讀本** 卷二

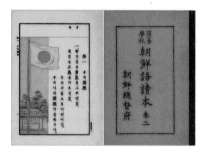

朝鮮總督府(著作兼發行), 朝鮮書籍印刷株式會社(翻刻發行兼印刷), 昭和11[1936]年2月15日(翻刻發行); 22.0×15.1cm.

329 보통학교고등과조선어독본 권일
普通學校高等科**朝鮮語讀本** 卷一

朝鮮總督府(著作兼發行), 朝鮮書籍印刷株式會社(翻刻發行兼印刷), 大正15[1926]年3月31日(翻刻發行); 22.0×15.1cm.

330 보통학교고등과조선어독본 권이
普通學校高等科**朝鮮語讀本** 卷二

朝鮮總督府(著作兼發行), 朝鮮書籍印刷株式會社(翻刻發行兼印刷), 大正14[1925]年3月5日(翻刻發行); 22.0×15.1cm.

331 간이학교용초등조선어독본 전
簡易學校用初等**朝鮮語讀本** 全

朝鮮總督府(編纂), 朝鮮書籍印刷株式會社(翻刻發行兼印刷), 昭和14[1939]年2月28日(翻刻發行); 22.0×15.2cm.

332 초등재봉 제사학년
初等裁縫 第四學年

朝鮮總督府(著作兼發行), 朝鮮書籍印刷株式會社(翻刻發行兼印刷), 昭和18[1943]年2月28日(翻刻發行); 14.8×20.8cm.

333 조선재봉전서
朝鮮裁縫全書

金淑堂(著), 京城：活文社書店(發兌), 大正14[1925]年4月8日；22.0×15.0cm.
序 乙丑[1925]淑明女子高等普通學校長李貞淑.
線裝本, 揷圖, 國漢文混用.

* 권수에, 李王妃殿下御筆("廣히女功을勸獎하노라乙丑仲春") 접지 있음.

334 여자고등조선어독본 권일
女子高等朝鮮語讀本 卷一

朝鮮總督府(著作兼發行), 朝鮮書籍印刷株式會社(翻刻發行兼印刷), 大正15[1926]年11月28日(翻刻發行)；22.2×15.3cm.

335 여자고등조선어독본 권이
女子高等朝鮮語讀本 卷二

朝鮮總督府(著作兼發行), 朝鮮書籍印刷株式會社(翻刻發行兼印刷), 昭和3[1928]年11月28日(鱗刻發行)；22.2×15.3cm.

336 여자고등조선어독본 권삼
女子高等朝鮮語讀本 卷三

朝鮮總督府(著作兼發行), 朝鮮書籍印刷株式會社(翻刻發行兼印刷), 大正13[1924]年3月28日(翻刻發行)；22.2×15.3cm.

337 여자고등조선어독본 권사
女子高等朝鮮語讀本 卷四

朝鮮總督府(著作兼發行), 朝鮮書籍印刷株式會社(翻刻發行兼印刷), 大正13[1924]年3月23日(發行) 同年3月31日(翻刻發行)；22.2×15.3cm.

338 보통학교창가집 제오학년용
普通學校唱歌集 第五學年用

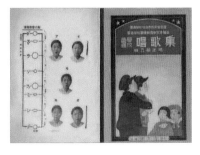

普通學校唱歌作曲家協會(選), 普通學校音樂教育研究會(編), 京城：明文堂(發行), 昭和11[1936]年3月20日；22.5×15.3cm.

339 초등창가 제오학년용 初等唱歌 第五學年用	**340** 풍금독습중등창가집 風琴獨習中等唱歌集

 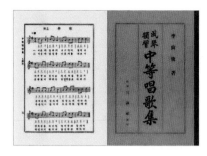

京城師範學校音樂教育研究會(編), 東京 : 日本唱歌出版社(發行), 昭和10[1935]年12月(朝鮮總督府檢定濟); 20.6×14.6cm.

李尙俊(著), 京城 : 三誠社(發行), 大正10[1921]年(初版) 昭和4[1929]年9月25日(5版); 21.9×15.1cm.

341 최신중등창가집 부악리 最新中等唱歌集 附樂理	**342** (조선총독부편찬)신편창가집 전 (朝鮮總督府編纂)新編唱歌集 全

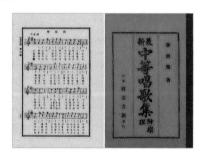 

李尙俊(著作兼發行), 京城 : 博文書舘(發行), 大正11[1922]年(初版) 昭和4[1929]年4月15日(7版); 21.9×15.1cm.

朝鮮總督府(編纂), 總務局印刷所(印刷), 大正3[1914]年3月(初版) 同年5月25日(再版); 22.3×15.2cm.

343 초학요선 전 初學要選 全	**344** 중등교육 여자조선어독본 권일 中等教育 女子朝鮮語讀本 卷一

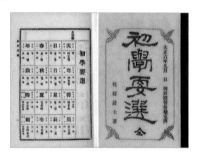 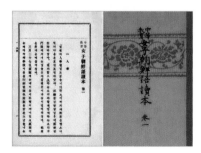

杭眉居士盧明鎬(著), 舒川 : 華明書堂 et al.(發行), 大正7[1918]年3月15日(初版) 大正6[1917]年9月朝鮮總督府檢定濟; 21.6×14.9cm.

朝鮮總督府(著作兼發行), 朝鮮書籍印刷株式會社(翻刻發行兼印刷), 昭和11[1936]年3月15日(翻刻發行); 22.0×15.1cm.

345 중등교육 여자조선어독본 권이
中等教育 女子朝鮮語讀本 卷二

朝鮮總督府(著作兼發行), 朝鮮書籍印刷株式會社(翻刻發行兼印刷),
昭和10[1935]年3月31日(翻刻發行); 22.0×15.1cm.

346 과외독본
科外讀本

朴鐵魂[埈杓](著作), 京城 : 古今書海 · 鳳文舘(發行), 大正12[1923]
年5月15日; 18.7×12.8cm.
序 癸亥[1923]···自序.

347 독습한어지남
獨習漢語指南

柳廷烈(著作), 京城 : 東光書局 · 唯一書舘, 大正2[1913]年10月15日;
22.3×15.2cm.

해방~한국전쟁
(1945~1953)

* 제4집에 보이는 대상본의 수량(164책)은 변함이 없으나, 최종 확정 시 이중 2~3건은 같은 시기의 다른 자료로 교체될 수 있음.

* 발행년 등의 표시에서, 정확하지 않거나 추정한 수자 앞에는 c.(circa)를 표시했음.

* 지은이, 발행소, 발행년 등이 복수이나, 이중 일부가 생략될 경우 이를 et al.(et alii)로 나타냈음.

* 발행년이 단기로 표시되었을 때, 단기 연호와 해당 연도를 표시한 후 [ ] 안에 서력 연도를 부기했음.

* 규격은 세로×가로임.

348 초등국사
初等國史[보통조선역사]

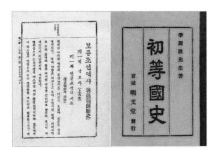

李周洪(著), 京城 : 明文堂(發行), 4278[1945]年12月15日; 20.2×14.8cm.

349 초등조선력사

朝鮮語辭典刊行會(校閱), 서울 : 槿興印書館(編纂·發行), 4279[1946]년4월10일, 附錄 독립선언서; 20.9×14.7cm.

* 附錄 독립선언서는 낙장임.

350 초등국사교본(임시교재) 오·육학년용
初等國史敎本(臨時敎材) 五·六學年用

京畿道學務課臨時敎材研究會(編), 서울 : 漢陽書籍都賣公司(發行), 京城印刷株式會社(印刷), 4279[1946]년11월; 20.5×13.9cm.

* 351과 저작 주체(미군정청 학무과)가 동일하고 내용도 대체로 유사하나 58면본이며, 발행 주체는 경기도 학무과임.

** 편자는 당시 미군정청 학무과 편수관인 황의돈으로 알려짐.

351 초등국사교본(임시교재) 오륙학년용

판권지면 유실, 군정청문교부(저작), c.1946년, 18.2×13.2cm.

* 350과 저작 주체(미군정청 학무과)가 동일하고 내용도 대체로 유사하나 48면본이며, 발행 주체는 미상(군정청문교부?)임.

** 편자는 당시 미군정청 학무과 편수관인 황의돈으로 알려짐.

352 중등국사
中等國史[중등조선역사]

中等敎育研究會(編纂), 明文堂(發行), 4280[1947]年3月15日; 20.6×14.9cm.

353 초등사회생활과 우리나라의발달 6-1

미군정청 문교부(발행), 1947년9월20일; 20.7×14.8cm.

354 국사교본
國史教本

震檀學會(著作), 軍政廳文教部(發行), 朝鮮教學圖書株式會社(印刷發行), 1946年5月26日 同年9月20日(改定增補);; 21.0×14.8cm.

355 우리나라의발달 육학년용

同志社(著作·發行), 協進印刷公司(印刷), 1947年3月10日; 20.8×14.8cm.

356 사회생활교본 우리나라의발달 여섯째학년

國民教育研究會(著作), 槿興印書舘出版部(發行), 4280[1947]년1월; 20.5×14.5cm.

357 초등사회생활과 우리나라의발달 1

문교부(지은이겸펴낸이), 대한문교서적주식회사(되박아펴낸이), 4282[1949]년8월31일; 20.8×14.8cm.

358 초등사회생활과 우리나라의발달 2

문교부(지은이겸펴낸이), 대한문교서적주식회사(되박아펴낸이), 4282[1949]년12월20일; 20.2×14.3cm.

359 초등사회생활과6학년소용 우리나라의발달 3

문교부(지은이겸펴낸이), 대한문교서적주식회사(되박아펴낸이), 4282[1949]년12월30일; 20.2×14.3cm.

360 우리나라의발달 6-1

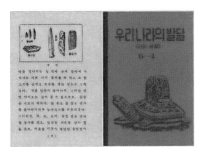

문교부(지은이겸펴낸이), 대한문교서적주식회사(되박아펴낸이),
4286[1953]년3월31일; 18.1×12.7cm.

361 우리나라의발달 6-2

문교부(지은이겸펴낸이), 문화교육출판사(되박아펴낸이), 4285[1952]
년1월31일; 18.1×12.8cm.

362 우리나라의발달 6-3

문교부(지은이겸펴낸이), 연학사(되박아펴낸이), 4285[1952]년5월30
일; 17.8×12.7cm.

363 우리나라의생활(사회생활) 4-2

문교부(지은이겸펴낸이), 대한문교서적주식회사(되박아펴낸이),
4285[1952]년9월30일; 18.2×12.5cm.

364 (임시대용) 우리나라의생활(2) 사회생활과 4학년소용

大邱市敎育會(著作發行), 英雄出版社(代寫), 발행년미상(c.1947년);
19.6×14.6cm.

365 우리나라의생활(사회생활) 4-2

문교부(지은이겸펴낸이), 박문출판사(되박아펴낸이), 4285[1952]년1
월28일; 18.6×12.5cm.

366 초등공민 제일이학년함께씀(상)

軍政廳文敎部(著作兼發行), 朝鮮書籍印刷株式會社(發行兼印刷),
1946年5月5日; 20.8×14.8cm.

367 초등공민 제삼사학년함께씀(중)

軍政廳文敎部(著作兼發行), 朝鮮書籍印刷株式會社(發行兼印刷),
1946年5月5日; 20.8×14.8cm.

368 초등공민 제오륙학년함께씀(하)

軍政廳文敎部(著作兼發行), 朝鮮書籍印刷株式會社(發行兼印刷),
1946年5月5日; 20.8×14.8cm.

369 중등공민 제일이학년함께씀

軍政廳文敎部(著作兼發行), 朝鮮書籍印刷株式會社(發行兼印刷),
1946年4月5日; 20.9×14.9cm.

370 중등공민 제삼사학년함께씀

軍政廳文敎部(著作兼發行), 朝鮮書籍印刷株式會社(發行兼印刷),
1946年4月5日; 20.9×14.9cm.

371 초등국어교본
初等國語敎本 첫채[째]권

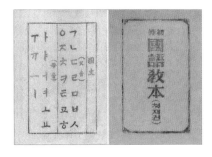

발행자 발행년 미상(판권지 낙장); 20.5×14.5cm.

372 초등국어교본 상

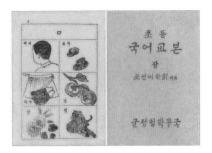

朝鮮語學會(著作), 軍政廳學務局(發行), 朝鮮書籍印刷株式會社(發行兼印刷), 1945年12月30日; 20.8×14.9cm.

373 초등국어교본 중

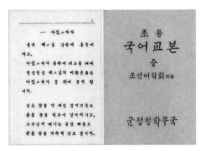

朝鮮語學會(지음) 軍政廳文敎部(著作兼發行), 軍政廳學務局(發行), 朝鮮書籍印刷株式會社(發行兼印刷), 1946年4月15日; 20.8×14.9cm.

* 표지에 보이는 저작 주체(조선어학회)와 달리, 판권지에는 지은이가 표시된 위치에 저작 겸발행재(군정청문교부)가 인쇄된 종이가 덧붙어 있음.

374 초등국어교본 하

朝鮮語學會(著作), 軍政廳文敎部(發行), 朝鮮書籍印刷株式會社(發行兼印刷), 1946年5月5日; 20.8×14.9cm.

375 중등국어교본 상 1·2학년소용

朝鮮語學會(著作), 軍政廳文敎部(發行), 朝鮮敎學圖書株式會社(印刷兼發行), 1946년 9월 1일 20.9×14.8cm.

376 중등국어교본 중 3·4학년소용

朝鮮語學會(著作), 軍政廳文敎部(發行), 朝鮮敎學圖書株式會社(印刷兼發行), 1947년5월17일; 20.9×14.8cm.

377 중등국어교본 하 5·6학년소용

朝鮮語學會(著作), 軍政廳文敎部(發行), 朝鮮敎學圖書株式會社(印刷兼發行), 1947년1월10일; 20.9×14.8cm.

378 초등국어교본 권상
初等國語教本 卷上

김혁제(著作兼發行), 明文堂(發行), 4278[1945]年 12月 15日; 20.7×14.9cm.

379 바둑이와철수 (국어 · 1-1)

군정청문교부(저작겸발행), 조선서적인쇄주식회사(인쇄겸발행), 4280[1947]년 9월 15일(발행); 20.8×14.8cm.

380 초등국어 1-2 (학교와들)

문교부(저작겸발행), 조선서적인쇄주식회사(인쇄겸발행), 4282[1949]년 4월 10일 발행; 20.4×14.5cm.

381 초등국어 (下)

慶尙北道學務課(발행), 大邱府 : 慶北印刷所(印刷), 1940년대 후반; 20.7×15.3cm.

＊ 석판본으로, 판권지 미부착 상태로 발행됨.

382 초등국어 1-1 (바둑이와철수)

문교부(저작겸발행), 한국인쇄주식회사(인쇄겸발행), 단기4283[1950]년 5월 30일; 20.7×14.2cm.

383 국어 1-1

문교부(지은이겸펴낸이), 조선서적인쇄주식회사(되박아펴낸이), 4285[1952]년 5월 30일; 18.4×12.7cm.

384 (증정개판)중등신생국어교본 초급일학년용
(增訂改版)中等 **新生國語敎本** 1 初級一年用

金思燁(著作), 慶尙北道學務局(發行), 新生敎材社(發行), 1946年9月
25日: 20.4×14.5cm.

385 (증정개판)중등신생국어교본 초급삼학년용
(增訂改版)中等 **新生國語敎本** 3 初級三年用

金思燁(著作), 慶尙北道學務局(發行), 新生敎材社(發行), 1946年9月
25日: 20.4×14.5cm.

386 초등국어 2-1

軍政廳文敎部(著作兼發行), 朝鮮書籍印刷株式會社(印刷·發行),
1947年3月12日(2版): 20.8×14.8cm.

387 초등국어 2-1

문교부(저작겸발행), 조선서적인쇄주식회사(인쇄겸발행), 4280[1947]
년8월5일(발행) 4281[1948]년6월30일(정정재판): 20.6×14.8cm.

388 초등국어 2-2

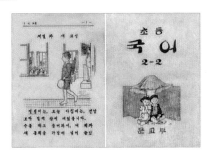

문교부(저작겸발행), 조선서적인쇄주식회사(인쇄겸발행), 4281[1948]
년12월20일(재판): 20.6×14.8cm.

389 초등국어 3-1

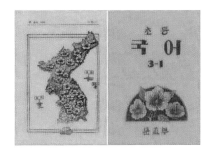

문교부(저작겸발행), 조선서적인쇄주식회사(인쇄겸발행), 4282[1949]
년8월10일(3판): 20.5×14.4cm.

390　초등국어 3-2

文教部(著作), 全羅北道教育會(發行), 國際出版社(發行所),
4284[1951]年2月10日; 20.5×14.3cm.

391　초등국어 4-1

軍政廳文教部(著作兼發行), 朝鮮書籍印刷株式會社(發行・印刷),
1946年11月6日; 20.8×14.9cm.

392　초등국어 4-1

문교부(저작), 대구부 : 경상북도학무국(발행), 주식회사조선출판사
(인쇄겸발행); 4281[1948]년3월10일; 20.2×14.4cm.

393　초등국어 4-1

문교부(저작겸발행), 조선서적인쇄주식회사(인쇄겸발행), 4281[1948]
년8월10일; 20.5×14.7cm.

394　초등국어 4-2

문교부(저작겸발행), 조선서적인쇄주식회사(인쇄겸발행), 4281[1948]
년12월20일; 20.5×14.6cm.

395　초등국어 5-1

문교부(저작겸발행), 조선서적인쇄주식회사(인쇄겸발행), 4282[1949]
년8월10일(발행); 20.6×14.7cm

396 초등국어 5-2

문교부(저작겸발행), 조선서적인쇄주식회사(인쇄겸발행), 4281[1948]년12월30일(재판); 20.7×14.6cm.

397 초등국어 6-1

문교부(저작겸발행), 조선서적인쇄주식회사(인쇄겸발행), 4281[1948]년8월30일 20.8×14.7cm.

398 초등국어 6-2

문교부(저작겸발행), 조선서적인쇄주식회사(인쇄겸발행), 4281[1948]년3월20일; 20.7×14.7cm.

399 국어 1-1

문교부(지은이겸펴낸이), 금룡도서주식회사(되박아펴낸이), 4285[1952]년4월1일; 18.7×13.0cm.

400 국어 3-1

문교부(지은이겸펴낸이), 대한문교서적회사(되박아펴낸이) 4287[1954]년3월5일; 18.1×12.4cm.

401 국어 3-2

문교부(지은이겸펴낸이), 탐구당(되박아펴낸이), 4285년[1952]1월31일; 18.1×12.5cm.

402 국어 3-2

문교부(지은이겸펴낸이), 대한문교서적주식회사(되박아펴낸이), 4285[1952]년9월30일; 18.4×12.6cm.

403 국어 4-1

문교부(지은이겸펴낸이), 동지사(되박아펴낸이), 4284[1951]년8월30일; 17.5×12.9cm.

404 국어 4-2

문교부(지은이겸펴낸이), 대한문교서적주식회사(되박아펴낸이), 4286[1953]년8월31일; 18.2×12.6cm.

405 국어 2-1

문교부(지은이겸펴낸이), 백영사(되박아펴낸이), 4285[1952]년5월31일; 18.0×12.8cm.

406 국어 3-1

문교부(지은이겸펴낸이), 동지사(되박아펴낸이), 4284[1951]년8월30일; 18.3×12.8cm.

407 국어 2-2

문교부(지은이겸펴낸이), 대한문교서적주식회사(되박아펴낸이), 4285[1952]년9월30일; 18.2×13.2cm.

408 중등국어 1

문교부(지은이겸펴낸이), 조선교학도서주식회사(되박아펴낸이), 4281[1948]
년1월20일; 20.2×14.3cm.

409 중등국어 1-1

문교부(지은이겸펴낸이), 교학도서주식회사(되박아펴낸이), 4284[1951]8
월31일; 18.7×13.2cm.

410 중등국어 2

문교부(지은이겸편이), 조선교학도서주식회사(박은이겸편이),
4282[1949]년8월29일; 20.4×14.4cm.

411 국어 2

정인승(엮음), 정음사(편곳), 1949년7월30일; 20.7×14.7cm.

412 중등국어 2

문교부(지은이겸편이), 교학도서주식회사(되박아편이), 4281[1948]
8월19일; 20.6×14.8cm.

413 중등국어 3-Ⅱ

문교부(지은이겸펴낸이), 대한문교서적주식회사(되박아펴낸이), 4285[1952]
년9월30일; 18.1×12.8cm

414 신생**중등국어** 3

조윤제(편저), 대학출판사(발행), 4282[1949]년 8월 11일; 20.8×14.7cm.

415 **초등국어**(준비책)

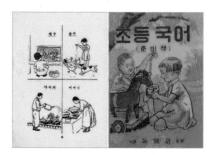

國際社編輯部(著者), 國際社(發行), 서울公印社(印刷), 4283[1950]年 5月 25日 4288[1955]年 5月 30日(3版); 17.9×12.8cm.

416 (초등)**국어생활** 5

教育文化協會國語研究室(著者), 金龍圖書株式會社(發行), 4286[1953]年 4月 5日(再版); 18.5×12.5cm.

417 전시생활1–2 **탱크**(국민학교 1·2학년)

문교부(지은이겸편이), 합동도서주식회사(박은이), 단기4284[1951]년 3월 25일; 18.9×13.0cm.

418 전시생활1–1 **비행기**(국민학교 1·2학년)

문교부(지은이겸편이), 합동도서주식회사(박은이), 단기4284[1951]년 3월 25일; 18.9×13.0cm.

419 전시생활1–3 **군함**(국민학교 1·2학년)

문교부(지은이겸편이), 합동도서주식회사(박은이), 단기4284[1951]년 3월 25일; 18.9×13.0cm

420 전시생활2-3 **씩씩한 우리겨레**(국민학교3,4학년)

문교부(지은이겸편이), 합동도서주식회사(박은이), 단기4284[1951]년3월25일; 18.9×13.0cm.

421 중등수학3 제일류 제이류 **中等數學**3 第一類 第二類

鷄林印書館(發行), 4280[1947]년8월31일; 18.3×12.4cm.

* 제1류와 제2류는 본디 분책으로 발행되었으나, 본 총서에서는 이를 합철하여 복간함.

422 초등**셈본**(산수공부) 1-1

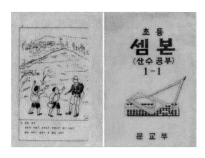

문교부(저작겸발행), 조선서적인쇄주식회사(인쇄겸발행), 4280[1947]년9월15일; 20.5×14.4cm.

423 초등**셈본**(산수공부) 1-2

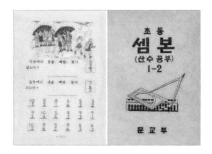

문교부(저작겸발행), 조선서적인쇄주식회사(인쇄겸발행), 4280[1947]년11월10일; 21.0×15.0cm.

424 셈본 1-1

문교부(지은이겸펴낸이), 동양정판인쇄사(되박아펴낸이), 4285[1952]년3월1일; 18.3×12.6cm.

425 셈본 1-2

문교부(지은이겸펴낸이), 자유인쇄공사(되박아펴낸이), 4285[1952]년1월31일; 18.3×12.6cm.

426 초등셈본(산수공부) 2-1

문교부(저작겸발행), 조선서적인쇄주식회사(인쇄겸발행), 4281[1948]년
11월30일; 20.7×14.8cm.

427 셈본 2-2

문교부(지은이겸펴낸이), 민중서관(되박아펴낸이), 4285[1952]년1월
31일; 18.7×12.8cm.

428 셈본 3-1

문교부(지은이겸펴낸이), 정음사(되박아펴낸이), 4284[1951]년8월31
일; 18.2×12.6cm.

429 셈본 3-2

문교부(지은이겸펴낸이), 연학사(되박아펴낸이), 4285[1952]년1월31
일; 18.2×12.7cm.

430 초등셈본 4-1

軍政廳文教部(著作兼發行), 朝鮮書籍印刷株式會社(印刷·發行),
1946년10월20일; 20.7×14.7cm.

431 초등셈본(산수공부) 4-2

문교부(저작겸발행), 조선서적인쇄주식회사(인쇄겸발행), 4282[1949]
년2월10일(재판); 20.6×14.7cm.

432 초등셈본(산수공부) 5-1

문교부(저작), 경기도교육회(발행), 4281[1948]년2월10일; 18.0x12.8cm.

433 초등셈본 5-2

문교부(저작겸발행), 조선서적인쇄주식회사(인쇄겸발행), 4283[1950]년1월30일(3판); 20.5×14.7cm.

434 초등셈본 6-1

軍政廳文敎部(著作兼發行), 京城府 : 朝鮮書籍印刷株式會社(發行), 1946年9月15日; 20.9×14.8cm.

435 초등셈본 6-2

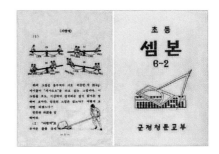

軍政廳文敎部(著作兼發行), 朝鮮書籍印刷株式會社(印刷·發行), 1947年5月5日; 21.0×14.7cm.

436 초등과산수 제육학년 하
初等科算數(셈본) 第六學年下

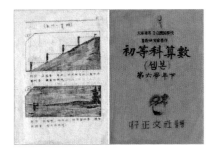

大邱壽昌公立國民學校算數研究會(著作), 大邱 : 正文社(發行), c.1948년; 18.0×13.0cm.

437 셈본 2-1

문교부(지은이겸펴낸이), 백영사(되박아펴낸이), 4285[1952]년5월31일; 18.2×12.4cm.

438 셈본 5-1

문교부(지은이겸펴낸이), 대한인쇄주식회사(되박아펴낸이), 4285[1952]년5월30일; 18.2×12.4cm.

439 초등셈본참고서 6-1

文教社(著作兼發行), 大東印刷所(印刷), 4280[1947]년8월25일; 18.3×12.4cm.

440 셈본 6-2

문교부(지은이겸펴낸이), 대한문교서적주식회사(되박아펴낸이), 4285[1952]년9월30일; 18.2×12.6cm.

441 중등교육수학교과서 1년(상)

初級中學校1學年用. 吳龍鑌(著作), 朝鮮出版社中央總社(發行兼印刷), 1946年8月31日(翻刻發行) 1947年4月10日(改訂3版) 4280[1947]년문교부검정필(중학교수학과용); 18.5x12.6cm.

442 초등잇과[理科](임시교재) 5-1

軍政廳文教部(著作兼發行), 朝鮮書籍印刷株式會社(印刷·發行), 1947년5월20일; 20.3x14.7cm.

443 초등잇과[理科](임시교재) 6-1

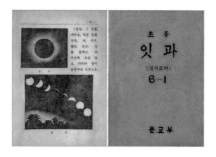

문교부(저작겸발행), 조선서적인쇄주식회사(인쇄겸발행), 4281[1948]년3월30일; 20.6×14.2cm.

444 과학공부 5-2

문교부(저작겸발행), 한국인쇄주식회사(되박아펴낸이), 4285[1952]년1월 31일; 18,4×12,4cm.

445 과학공부 5-3

문교부(지은이겸펴낸이), 한국인쇄주식회사(되박아펴낸이), 4285[1952] 년1월31일; 18,0×12,0cm.

446 생물 제4·5학년용

석주명(지음), 을유문화사(만듬), 1946년12월31일; 15,2×22,0cm.

447 과학공부 5-1

문교부(저작겸발행), 조선서적인쇄주식회사(인쇄겸발행), 4281[1948]년9 월15일; 20,6×14,6cm.

448 과학공부 6-1

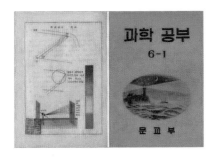

문교부(저작겸발행), 조선서적인쇄주식회사(인쇄겸발행), 4281[1948]년9 월15일; 20,6×14,6cm.

449 과학공부 4-1

문교부(저작겸발행), 조선서적인쇄주식회사(인쇄겸발행), 4282[1949]년9 월10일; 20,6×14,6cm.

450 인류계 중등학교일반과학과

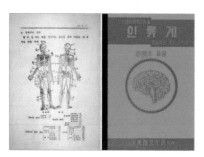

文敎部敎授要目依據. 閔丙祺(著者), 東國文化社(發行), 4285[1952]年4月
1日, 4283[1950]년5월문교부검정필(중등학교일반과학과교과서); 21.0×
14.5cm.

451 학생식물도보
學生植物圖譜

普通植物600種收錄. 崔基哲·李永魯(共著), 修文舘版, 4285[1952]年4
월15일(改稿新版); 20.7×15.0cm.

452 학생동물도보
學生動物圖譜

普通動物600餘種收錄. 崔基哲(著作), 서울 : 修文閣(發行), 4284[1951]年3
月20(初版) 4288[1955]年2月20日(增補8版); 20.8×15.0cm.

* 초판 발행 시점에 의거하여 제4집으로 분류함.

453 중등화학 초·고급합병용
中等化學 初·高級合倂用

中等敎材編纂委員會(著作), 京城 : 第一出版社(發行), 1946年9月22日;
20.7×14.6cm.

454 중등동물학교과서 초급일이학년용
中等動物學敎科書 初級一二學年用

中等敎材編纂委員會(著作), 京城府 : 第一出版社(發行), 1946年8月22日;
20.3×15.0cm.

455 중등식물학 초급중학1·2학년용
中等植物學 初級中學1·2學年用

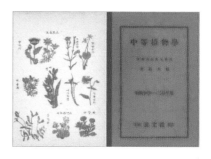

京城公立農業學校 李昌九(編), 京城 : 世文社(發行); 1946年11月5日;
18.3×13.0cm.

456 중등물리
中等物理

文敎部敎授要目準據. 金鳳集(著), 正音社(發行), 1947년; 20.6×14.4cm.

457 The New Living English Readers for Middle Schools Ⅰ

이양하(저), 민중서관(발행), 1950년, 4283[1950]年文敎部檢定畢(中等學校英語科敎科書); 18.5×14.0cm.

458 Living English Readers 2

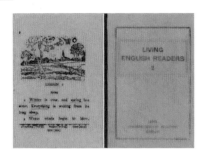

京城市 : 民衆書舘(發行), 東新印刷株式會社(印刷), 1946년8월20일; 18.4×12.5cm.

459 초등노래책 제일이학년 소용

軍政廳文敎部(著作兼發行), 朝鮮書籍印刷株式會社(印刷·發行), 1946年8月30日; 14.8×21.0cm.

* 임시교재로 발행된 해방후 최초의 정규학교 음악교과서임.

460 초등노래책 1학년소용

문교부(지은이겸편이), 조선교학도서주식회사(박은이겸편이), 4281[1948]년4월27일; 20.3×13.9cm.

461 초등노래책 2학년소용

문교부(지은이겸편이), 조선교학도서주식회사(박은이겸편이), 4281[1948]년4월27일; 20.3×13.9cm.

462 노래공부 2

慶南初等教育研究會·金元汝(著), 三共出版社(發行), 4282[1949]年4月8日; 14.6×21.0cm.

463 초등노래책 3학년소용

문교부(지은이겸편이), 조선교학도서주식회사(박은이겸편이), 4281[1948]년4월27일; 20.3×13.9cm.

464 초등노래책 4학년소용

문교부(지은이겸편이), 조선교학도서주식회사(박은이겸편이), 4281[1948]년4월27일; 20.6×14.7cm.

465 노래공부 5

金元汝(著者) 慶南初等教育研究會·三共出版社(發行) 檀紀4282[1949]年 4月8日; 20.7×14.6cm.

466 초등노래책 6학년소용

문교부(지은이겸편이), 조선교학도서주식회사(펴는곳), 4281[1948]년4월 27일; 19.8×14.3cm.

467 중등악전

김성태(지음), 정음사(편곳), 1948년3월18일; 25.3×18.1cm.

468 中等音樂通論
중등음악통론

金炯瑾(著), 國民音樂硏究會(發行), 檀紀4282[1949]年7月25日, 4282년문교부검정필(중등학교음악과교과서); 20.7×14.6cm.

469 초등글씨본 오학년소용

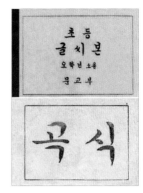

문교부(저작), 경상북도학무국(발행), 4281[1948]년4월10일; 13.7×20.4cm.

470 초등공작 2

국민학교미술과교과서, 문교부(저작겸발행), 대한인쇄공사(인쇄겸발행), 4283[1950]년5월20일; 14.8×20.7cm.

471 초등공작 4

김봉우(꾸민이), 미술교재연구회(꾸민데), 문화교육출판사(낸데), 4286[1953]년5월20일, 4284[1951]년9월문교부인정필(국민학교미술과소용); 14.8×21.1cm.

472 도화공부 초등미술 5-1

문교부인정필(국민학교미술과참고용). 미술교재연구회(발행), 조선문화교육출판사(발행), 1949년9월5일; 14.8×21.0cm.

473 초등공작 6

국민학교미술과교과서. 문교부(저작겸발행), 대한인쇄공사(인쇄겸발행), 4283[1950]년5월20일; 14.7×20.8cm.

474 중등미술 일
中等美術 一

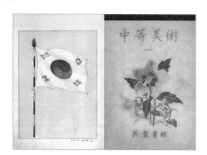

金仁承·金景承(共著), 民衆書舘(發行), 4281[1948]年9月20日(初版)
4283[1950]年4月20日(修正10版), 4283[1950]年4月29日文教部檢定畢(中等學校美術科教科書); 17.2×26.4cm.

475 가정과학교 일학년용

同志社(著作·發行), 朝鮮單式印刷社(印刷), 1946年12月5日; 19.8×14.6cm.

476 초등사회생활과 **가정과학교** 1학년 교사소용

문교부(저작겸발행), 조선서적인쇄주식회사(인쇄겸발행), 4280[1947]년10월15일; 18.7×12.6cm.

477 겨울공부용**전시부독본** 4

문교부인정필. 대한교육연합회(編), 4284[1951]년12월20일; 17.9×12.1cm.

478 우리집우리학교 1-1

문교부(지은이겸펴낸이), 합동도서주식회사(되박아펴낸이), 4285[1952]년3월31일; 18.7×12.6cm.

479 우리집우리학교 1-2

문교부(지은이겸펴낸이), 탐구당(되박아펴낸이) 4285[1952]년1월31일; 18.1×13.0cm.

* 판권지의 펴낸 년 4258은 4285의 오자임.

480 중등작문학습서
中等作文學習書

金益達(發行), 大邱府 : 洛東書舘(發行), 4279[1946]年4月20日; 19.9×14.5cm.

481 신중등작문 초급용
新中等作文 初級用

李成斗(編), 大洋出版社(發行), 4280[1947]年11月10日; 20.5×14.4cm.

482 중등한문교본 권일
中等漢文教本 卷一

金能根(著作), 文教圖書株式會社(發行), 4281[1948]年8月30日, 4280[1947]年文教部正式教科書 檢定; 20.4×14.6cm.

483 한글첫걸음

朝鮮語學會(著作), 軍政廳學務局(發行), 朝鮮教學圖書株式會社(印刷 發行), 1945年11月6日; 20.8×14.9cm.

484 조선지리
朝鮮地理

鄭洪憲 · 李箕燮 · 李富星(共著), 서울 : 正音社, 1946년; 20.9×14.5cm.

485 새요목 이웃나라의생활(역사)

김종무(저작), 문영사출판부(발행), 4283[1950]년5월20일, 4283년5월문교부검정필; 20.6×14.7cm.

486 / 다른나라의생활 5-2

동지사(발행), 1940년대 후반~1950년대 초반; 20.7×14.9cm.

* 판권지 유실됨.

487 / 다른나라의생활 1 사회생활과5학년소용

문교부(저작겸발행), 조선서적인쇄주식회사(인쇄겸발행), 4283[1950]년3월30일; 20.5×14.3cm.

488 / 다른나라의생활 1 지도와그림

문교부(저작겸발행), 대한문교서적주식회사(인쇄겸발행), 4282[1949]년11월5일; 21.7×15.3cm.

489 / 다른나라의생활(사회생활) 5-1

문교부(지은이겸펴낸이), 동국문화사(되박아펴낸이), 4285[1952]년6월; 18.4×12.5cm.

490 / 다른나라의생활(사회생활) 5-2

문교부(지은이겸펴낸이), 대한문교서적주식회사(되박아펴낸이), 4285[1952]년9월30일; 18.0×12.5cm.

491 / 여러곳의사회생활 삼학년용

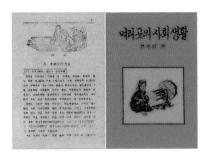

발행자 발행년 미상(판권지 유실), 1940년대 후반 발행 추정; 20.2×14.2cm.

492 (사회생활책) 다른나라의생활 5-2

이희복(지은이), 동명문화사(낸데), 4282[1949]년1월10일; 20.8×14.7cm.

493 여러곳의생활 3-1

문교부(지은이겸펴낸이), 대한문교서적주식회사(되박아펴낸이), 4286[1953]년3월31일; 18.3×12.6cm.

494 조선교육 제일집 朝鮮教育 第一輯

第1回民主教育研究講習會速記錄. 朝鮮教育研究會(編輯兼發行), 4279[1946]年12月23日; 18.0×13.1cm.

495 동양역사 사회생활과 이웃나라

김성칠(지음), 正音社(刊), 1947년3월21일; 20.0×14.6cm.

496 보건생활 제1학년

저작자 발행자 미상, 1940년 후반; 20.5×14.8cm.

* 발행시 부착된 앞뒤 표지는 낙장된 것으로 추정됨.

497 보건공부 6

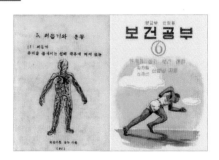

발육을 돕는 보건생활, 金振八·申忠善(지음), 朝鮮科學文化社(문교부인정필), 4282[1949]년8월10일; 18.2×12.8cm.

498 재봉교과서 전 중학교용 裁縫敎科書 全 中學校用

崔命珠(著作), 軍政廳慶尙北道學務局(發行), 東方出版社(印刷), 1946年11月5日; 25.5×18.0cm.

499 부기회계 一

李龍澤(著作), 서울 : 硏究社(發行), 1947년9월12일(초판) 1947년10월5일(재판), 4280[1947]년6월17일문교부검정필(남녀중학교실업과용); 20.4×14.8cm.

* 문교부로부터, 용어제정이 완성될 때까지 남녀 고급중학·초급중학 겸용 임시교과서로 검정을 필한 것임.

500 초등용가사재봉 교수세목 전 初等用家事裁縫敎授細目 全

慶尙北道學務局(著作兼發行), 南鮮文化社(發行), 1946年9月15日; 20.4×14.8cm.

501 학교교련교본 전편

陸軍本部作戰敎育局(著作), 文憲社(發行), 4282[1949]年5月10日(初版) 4283[1950]年6月8日(修正版), 문교부검정; 12.8×9.4cm.

502 채소원예 菜蔬園藝

문교부교수요목에 맞춘 일반중학 농업중학 소용. 尹鎰燮(著作), 大東文化社(發行), 4281[1948]年9月1日; 20.9×14.6cm.

503 뽕나무가꾸기 양잠교과서(一)

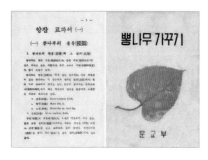

문교부(지은이겸펴낸이), 대한교과서주식회사(되벅아펴낸이), 4285[1952]년4월15일; 20.6×14.4cm.

504 농사짓기 5

문교부(지은이겸펴낸이), 대한문교서적주식회사(되박아펴낸이),
4285[19523]년3월31일; 18.2×12.8cm.

505 농사짓기 6

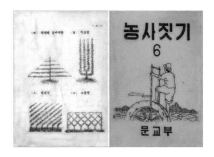

문교부(저작겸발행), 조선서적인쇄주식회사(인쇄겸발행), 4282[1949]년6
월30일; 20.8×14.8cm.

506 겨울동무 이학년용

全羅南道學務局內全南教育會(編輯兼發行), 光州府 : 無等教育出版株式會
社(發行), 1947年12月15日; 21.5×14.9cm.

507 국민학교 여름방학교본 제일학년씀

군정청경북학무국(지음), 조선대구부 : 조선아동회(발행), c.4279[1946];
20.6×14.8cm.

* 발행년 표시가 없으나, 30쪽 "단군 할아버지는 4279년 전에…" 구절에 의거하여 1946년
  으로 추정함.

508 여름공부책 1

慶南中等教育委員會(著作), 慶南教育協會 · 同心社(發行), 1948년6월30
일; 21.1x15.4cm.

509 겨울공부 제6학년

대한교육연합회(발행), c.1949년, 4282[1949]년11월20일 문교부인정필;
13.9×18.4cm.

* 판권지면 낙장됨.

510 여름동무 새5학년

대한교육연합회(저작겸발행), 4282[1949]년6월20일, 4282년5월30일 문교부인정필; 20.6×14.8cm.

511 초등**모범전과** 참고서 3-2

4281[1948]년도 새교재에 의한 참고서. 新學習指導研究會(著作). 三中堂(發行). 4282[1949]年12月30日; 20.7×14.8cm.

제5집

한국전쟁 이후 시기

(1953~1969)

* 제5집에 보이는 대상본의 수량(118책)은 변함이 없으나, 최종 확정 시 이중 3~4건은 같은 시기의 다른 자료로 교체될 수 있음.

* 발행년 등의 표시에서, 정확하지 않거나 추정한 수자 앞에는 c.(circa)를 표시했음.

* 지은이, 발행소, 발행년 등이 복수이냐, 이중 일부가 생략될 경우 이를 et al.(et alii)로 나타냈음.

* 발행년이 단기로 표시되었을 때, 단기 연호와 해당 연도를 표시한 후 [ ] 안에 서력 연도를 부기했음.

* 규격은 세로×가로임.

512 국어 1–1

문교부(지은이겸펴낸이), 대한문교서적주식회사(되박아펴낸이), 4290[1957]
년1월15일; 20.4×14.4cm.

513 국어 1–1

문교부(지은이겸펴낸이), 국정교과서주식회사(되박아펴낸이), 4295[1962]
년2월1일; 20.8×14.7cm.

514 국어 1–1

문교부(지은이겸펴낸이), 국정교과서주식회사(되박아펴낸이), 1969년3월
1일; 20.9×15.1cm.

515 국어 1–2

문교부(지은이겸펴낸이), 대한문교서적주식회사(되박아펴낸이), 4287[1954]
년9월10일; 18.0×12.6cm.

516 국어 1–2

문교부(지은이겸펴낸이), 대한문교서적주식회사(되박아펴낸이), 4292[1959]
년9월1일; 20.8×14.7cm.

517 국어 2–1

문교부(지은이겸펴낸이), 대한문교서적주식회사(되박아펴낸이), 4288[1955]
년3월10일; 20.8x14.7cm.

518 국어 2-1

문교부(지은이겸펴낸이), 대한문교서적주식회사(되박아펴냄이), 4287[1954]
년3월5일; 17.8×12.5cm.

519 국어 2-1

문교부(지은이겸펴낸이), 국정교과서주식회사(되박아펴냄이), 1963년3월
1일; 20.7×14.8cm.

520 국어 2-2

문교부(지은이겸펴낸이), 대한문교서적주식회사(되박아펴냄이), 4287[1954]
년9월10일; 17.9×12.7cm.

521 국어 2-2

문교부(지은이겸펴낸이), 대한문교서적주식회사(되박아펴냄이), 4290[1957]
년6월25일; 20.7×14.8cm.

522 국어 3-1

문교부(지은이겸펴낸이), 대한문교서적주식회사(되박아펴냄이), 4291[1958]
년3월1일; 20.7×14.8cm.

523 국어 4-2

문교부(지은이겸펴낸이), 대한문교서적주식회사(되박아펴냄이), 4287[1954]
년9월10일; 20.9×14.8cm.

524 국어 5-1

문교부(지은이겸펴낸이), 대한문교서적주식회사(되박아펴낸이), 4288[1955]
년3월10일; 20.6×14.6cm.

525 국어 6-2

문교부(지은이겸펴낸이), 대한문교서적주식회사(되박아펴낸이), 4286[1953]
년8월31일; 18.2×12.5cm.

526 중학국어 1-1

문교부(지은이겸펴낸이), 대한문교서적주식회사(되박아펴낸이), 4287[1954]
년3월31일; 20.4×14.6cm.

527 어린이글짓기 1

문교부인정필, 국어과지도연구회(지은이), 동성문화사(펴낸곳), 4293[1960]
년3월30일; 20.5×14.6cm.

528 국민학교글짓는생활 3

문교부인정필, 최태호·이희복(지은이), 정민문화사(펴낸곳), 4291[1958]
년4월1일; 20.6×14.6cm.

529 어린이글짓기 5

문교부인정필, 국어과지도연구회(지은이), 동성문화사(펴낸곳), 4292[1959]
년3월30일; 20.6×14.6cm.

530 셈본 1-1

문교부(지은이겸펴낸이), 대한문교서적주식회사(되박아펴낸이), 4287[1954] 년3월5일; 18.2×12.9cm.

531 셈본 1-2

문교부(지은이겸펴낸이), 대한문교서적주식회사(되박아펴낸이), 4286[1953] 년8월31일; 18.3×13.0cm.

532 셈본 2-1

문교부(지은이겸펴낸이), 대한문교서적주식회사(되박아펴낸이), 4287[1954] 년3월5일; 18.2×12.8cm.

533 셈본 2-2

문교부(지은이겸펴낸이), 문교서적주식회사(되박아펴낸이), 4286[1953] 년8월31일; 18.2×13.0cm.

534 산수 1-1

문교부(지은이겸펴낸이), 국정교과서주식회사(되박아펴낸이), 1963년3월 1일; 20.7×15.0cm.

535 산수 1-2

문교부(지은이겸펴낸이), 대한문교서적주식회사(되박아펴낸이), 4291[1958] 년9월1일; 20.8×14.7cm.

536 산수 2-1

문교부(지은이겸펴낸이), 대한교과서주식회사(되박아펴낸이), 4293[1960]
년3월1일; 20.7×15.0cm.

537 산수 2-2

문교부(지은이겸펴낸이), 대한문교서적주식회사(되박아펴낸이), 4288
[1955]년 6월 25일; 20.0×14.5cm.

538 산수 4-2

문교부(지은이겸펴낸이), 국정교과서주식회사(되박아펴낸이), 1963년9월
1일; 20.8×14.7cm.

539 산수 6-1

문교부(지은이겸펴낸이), 대한문교서적주식회사(되박아펴낸이), 4292[1959]
년3월15일; 20.7×14.6cm.

540 산수 6-2

문교부(지은이겸펴낸이), 국정교과서주식회사(되박아펴낸이), 4292[1959]
년9월1일; 20.7×14.6cm.

541 국민학교방범교재(도의) 마음의등불

홍익문화사(발행), 4291[1958]년5월; 20.7×15.0cm.

* 판권지면 부분 파장됨.

542 애국애족교본 **우리의자랑**

국민도의지도연구회(엮은곳), 범문각(펴낸곳), 범문각공무부(박은곳),
4293[1960]년2월10일; 20.8×14.9cm.

543 애국생활 1·2학년

문화교육연구회(지은이), 대한출판문화사(펴낸이), 4287[1954]년12월5
일; 18.3×13.2cm.

544 애국생활 3·4학년

문화교육연구회(지은이), 문화교육연구회(펴낸이), 4288[1955]년3월5일;
18.3×13.2cm.

545 애국생활 5·6학년

문화교육연구회(지은이), 대한출판문화사(펴낸이), 4287[1954]년12월5
일; 18.3×13.2cm.

546 반공독본 1

한국교육문화협회(지은이), 박문출판사(펴낸이), 4287[1954]년11월30일;
18.5×12.7cm.

547 반공독본 3

한국교육문화협회(지은이), 박문출판사(펴낸이), 4287[1954]년11월30일;
18.5×12.7cm.

548 도의생활 5-1

한국교육문화협회(지은이), 문화교육출판사(펴낸이), 4287[1954]년3월5일; 16.9×14.9cm.

549 초등도의 1

문교부(지은이겸펴낸이), 국정교과서주식회사(되박아펴낸이), 1964년2월15일(처음 지음) 1968년9월1일(펴냄); 20.8×14.7cm.

550 초등도의 2

문교부(지은이겸펴낸이), 대한서적공사(되박아펴낸이), 4290[1957]년3월20일; 20.8×14.6cm.

551 초등도의 3

문교부(지은이겸펴낸이), 대한서적공사(되박아펴낸이), 4290[1957]년3월20일; 20.8×14.7cm.

552 초등도의 4

문교부(지은이겸펴낸이), 대한서적공사(되박아펴낸이), 4291[1958]년월15일; 20.7×14.6cm.

553 승공 2·3

대한반공교육원(지은이겸박은곳), 1965년2월1일; 20.6×14.8cm.

554 승공 5

대한반공교육원(지은이겸박은곳), 1966년3월1일; 20.7×14.8cm.

555 국민학교도의독본 **착한생활** 2

심태진 · 권상철(공저), 대도문화사(발행), 4289[1956]년4월1일; 20.8× 14.8cm.

556 어린이예절 6

한국교육문화협회도의교육연구실(지은이), 동국문화사(펴낸이), 4287[1954]년10월25일; 18.2×12.6cm.

557 도덕 1-1

문교부(지은이겸펴낸이), 대한서적공사(되박아펴낸이), 4293[1960]년3월 1일; 20.7×14.6cm.

558 도덕 1-1

문교부(지은이겸펴낸이), 고려서적주식회사(되박아펴낸이), 1962년3월1 일; 20.9×14.7cm.

559 바른생활 1-1

문교부(지은이겸펴낸이), 국정교과서주식회사(되박아펴낸이), 1963년7월 23일(처음지음) 1966년3월1일; 21.0×14.7cm.

560 도덕 1-2

문교부(지은이겸펴낸이), 국정교과서주식회사(되박아펴낸이), 1962년9월 1일; 20.5×14.8cm.

561 도덕 2-1

문교부(지은이겸펴낸이), 대한서적공사(되박아펴낸이), 4292[1959]년3월 20일; 20.7×14.9cm.

562 바른생활 2-2

문교부(지은이겸펴낸이), 국정교과서주식회사(되박아펴낸이), 1967년12 월30일(처음지음) 1969년9월1일; 21.0×14.8cm.

563 도덕 3-1

문교부(지은이겸펴낸이), 대한서적공사(되박아펴낸이), 4294[1961]년3월 1일; 20.6×14.7cm.

564 도덕 3-2

문교부(지은이겸펴낸이), 대한서적공사(되박아펴낸이), 4292[1959]년9월 1일; 20.6×14.7cm.

565 자연 1-1

문교부(지은이겸펴낸이), 대한문교서적주식회사(되박아펴낸이), 4288[1955]년3월10일; 20.8×14.9cm.

566 자연 1-1

문교부(지은이겸펴낸이), 대한문교서적주식회사(되박아펴낸이),
4289[1956]년1월30일; 21.1×14.8cm.

567 자연 1-1

문교부(지은이겸펴낸이), 국정교과서주식회사(되박아펴낸이), 1963년3월
1일; 20.7×14.8cm.

568 자연부도 1-2

김상문(펴낸이), 동아출판사공무부(박은이), 동아출판사(낸데), 1965년7
월5일; 21.0×14.8cm.

569 자연 1-2

문교부(지은이겸펴낸이), 대한문교서적주식회사(되박아펴낸이),
4288[1955]년9월10일; 20.7×15.1cm.

570 자연 2-1

문교부(지은이겸펴낸이), 대한문교서적주식회사(되박아펴낸이),
4291[1958]년3월1일; 20.6×14.6cm.

571 자연 2-1

문교부(지은이겸펴낸이), 국정교과서주식회사(되박아펴낸이), 1962년9월
1일; 20.7×14.8cm.

572 자연공부 2-2

문교부(지은이겸펴낸이), 대한문교서적주식회사(되박아펴낸이),
4286[1953]년8월31일; 20.7×15.0cm.

573 자연공부 3-1

문교부(지은이겸펴낸이), 대한문교서적주식회사(되박아펴낸이),
4287[1954]년3월5일; 20.6×14.3cm.

574 자연공부 3-2

문교부(지은이겸펴낸이), 대한문교서적주식회사(되박아펴낸이), 4287년
[1954]년9월10일; 20.5×14.9cm.

575 자연 4-1

문교부(지은이겸펴낸이), 국정교과서주식회사(되박아펴낸이), 1962년2월
1일; 20.6×14.8cm.

576 자연 4-2

문교부(지은이겸펴낸이), 대한문교서적주식회사(되박아펴낸이),
4292[1959]년9월1일; 20.7×14.8cm.

577 자연부도 5-2

판권지면 낙장, 1950년대 후반; 20.8×14.8cm.

578 자연 6-1

문교부(지은이겸펴낸이), 대한문교서적주식회사(되박아펴낸이),
4288[1955]년3월10일; 21,1×15,0cm.

579 일반과학 물상편 1

文教部檢定畢. 李樂馥·李廷紀·沈吉淳(共著), 工業文化社(發行),
4282[1949]年7月25日(初版) 4283[1950]年5月25日(5版); 20,5×14,7cm.

580 우리집우리학교(사회생활) 1–1

문교부(지은이겸펴낸이), 대한문교서적주식회사(되박아펴낸이),
4287[1954]년3월5일; 18,6×12,8cm.

581 우리집우리학교(사회생활) 1–2

문교부(지은이겸펴낸이), 대한문교서적주식회사(되박아펴낸이),
4286[1953]년8월31일; 18,1×12,7cm.

582 사회생활 1–1

문교부(지은이겸펴낸이), 대한문교서적주식회사(되박아펴낸이),
4290[1957]년1월15일; 20,5×14,7cm.

583 사회생활 1–2

문교부(지은이겸펴낸이), 대한문교서적주식회사(되박아펴낸이),
4292[1959]년9월1일; 20,6×14,7cm.

584 사회생활 2-1

문교부(지은이겸펴낸이), 대한문교서적주식회사(되박아펴낸이),
4289[1956]년1월30일; 20.8×14.6cm.

585 사회생활 2-1

문교부(지은이겸펴낸이), 대한문교서적주식회사(되박아펴낸이),
4293[1960]년3월1일; 20.6×14.7cm.

586 사회생활(이웃생활) 2-2

문교부(지은이겸펴낸이), 대한문교서적주식회사(되박아펴낸이),
4288[1955]년9월10일; 20.7×15.0cm.

587 고장생활(사회생활) 2-2

문교부(지은이겸펴낸이), 대한문교서적주식회사(되박아펴낸이),
4286[1953]년8월31일; 18.5×12.7cm.

588 사회생활 3-1

문교부(지은이겸펴낸이), 대한문교서적주식회사(되박아펴낸이),
4293[1960]년3월1일; 20.8×14.8cm.

589 사회부도 4-1

홍교사편집부(엮은이), 홍교사(펴낸이), 196-년2월5일; 20.8×14.8cm.

590 다른나라의생활(사회생활) 5-1

문교부(지은이겸펴낸이), 대한문교서적주식회사(되박아펴낸이),
4288[1955]년3월10일; 21.0×15.0cm.

591 사회생활부도 6

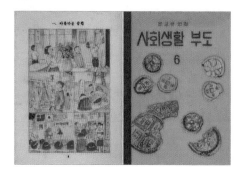

조수원(지은이겸펴낸이), 장원사(펴낸곳), 4292[1959]년3월1일; 20.9×
15.0cm.

592 사회생활 6-1

문교부(지은이겸펴낸이), 대한문교서적주식회사(되박아펴낸이),
4292[1959]년3월15일; 21.0×14.9cm.

593 우리는착한6학년

문교부 추천, 성내운(지은이), 영지문화사(펴낸이), 4288[1955]년2월25
일; 20.8×14.8cm.

594 중등가사교본 1

孫貞圭・趙圻洪・表景祚・朱月榮(共著), 章旺社(發行), 4281[1948]年7月
27日(初版) 4287[1954]年4月10日(4版); 20.5×14.7cm.

595 실과 4

문교부(지은이겸펴낸이), 대한문교서적주식회사(되박아펴낸이),
4292[1959]년3월15일; 21.0×14.7cm.

596 실과 4

문교부(지은이겸펴낸이), 대한문교서적주식회사(되박아펴낸이),
4290[1957]년3월5일; 20.6×14.9cm.

597 실과 5

문교부(지은이겸펴낸이), 대한문교서적주식회사(되박아펴낸이),
4293[1960]년3월1일; 20.8×14.7cm.

598 실과 6 (여자용)

문교부(지은이겸펴낸이), 대한문교서적주식회사(되박아펴낸이),
4292[1959]년3월15일; 20.8×14.8cm.

599 실과 6

문교부(지은이겸펴낸이), 대한문교서적주식회사(되박아펴낸이),
4292[1959]년3월15일; 20.7×14.8cm.

600 초등가사 6

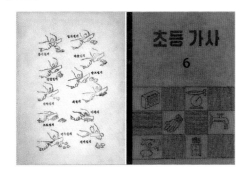

문교부(지은이겸펴낸이), 대한문교서적주식회사(되박아펴낸이),
4288[1955]년3월10일; 18.2×13.0cm.

601 중학농업 1

문교부(지은이겸펴낸이), 대한문교서적주식회사(되박아펴낸이),
4287[1954]년3월31일; 20.5×14.4cm.

602 혁명기념 **방학생활** 6 (여름)

문교부(저작), 대한문교서적주식회사(번각및발행), 4294[1961]년7월15일; 25.9×18.9cm.

603 음악 1

문교부(지은이겸펴낸이), 대한문교서적주식회사(되박아펴낸이), 4288[1955]년3월1일; 14.7×20.5cm.

604 음악 2

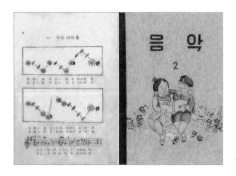

문교부(지은이겸펴낸이), 대한문교서적주식회사(되박아펴낸이), 4288[1955]년3월1일; 20.7×14.7cm.

605 음악 3

문교부(지은이겸펴낸이), 대한문교서적주식회사(되박아펴낸이), 4288[1955]년12월30일; 20.9×14.8cm.

606 음악 4

문교부(지은이겸펴낸이), 대한문교서적주식회사(되박아펴낸이), 4286[1953]년8월31일; 20.7×14.8cm.

607 음악 5

문교부(지은이겸펴낸이), 대한문교서적주식회사(되박아펴낸이), 4290[1957]년1월15일; 20.7×14.8cm

608 음악 6

문교부(지은이겸펴낸이), 대한문교서적주식회사(되박아펴낸이),
4287[1954]년3월5일; 20.7×14.9cm.

609 음악 1

문교부(지은이겸펴낸이), 대한문교서적주식회사(되박아펴낸이),
4294[1961]년3월1일; 20.6×14.7cm.

610 음악 1

문교부(지은이겸펴낸이), 국정교과서주식회사(되박아펴낸이), 1963년8월
15일(처음지음) 1969년3월1일(펴냄); 12.5×18.0cm.

611 음악 3

문교부(지은이겸펴낸이), 대한문교서적주식회사(되박아펴낸이),
4292[1959]년3월15일; 20.8×14.7cm.

612 음악 5

문교부(지은이겸펴낸이), 대한문교서적주식회사(되박아펴낸이),
4291[1958]년3월1일; 20.8×14.9cm.

613 미술 1

문교부(지은이겸펴낸이), 국정교과서주식회사(되박아펴낸이), 1962년2월
1일; 14.9×21.0cm.

미술 2

문교부(지은이겸펴낸이), 국정교과서주식회사(되박아펴낸이), 1962년2월
1일; 14.9×20.8cm.

미술 3

문교부(지은이겸펴낸이), 대한문교서적주식회사(되박아펴낸이),
4287[1954]년4월20일; 15.3×21.2cm.

미술과 그림 4

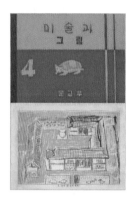

문교부(지은이겸펴낸이), 대한문교서적주식회사(되박아펴낸이),
4287[1954]년3월30일; 14.9×20.9cm.

미술과 만들기 5

문교부(지은이겸펴낸이), 대한문교서적주식회사(되박아펴낸이),
4288[1955]년; 14.9×20.9cm.

미술과 공작 6

문교부(지은이겸펴낸이), 대한문교서적주식회사(되박아펴낸이),
4287[1954]년4월20일; 15.0×21.2cm.

미술과만들기 종이접기

안병용(지은이), 문화교육출판사(펴낸이), 한국초등인정교과서주식회사(
공급), 4292[1959]년3월25일; 20.8×15.0cm.

620 아동무용 국민학교교재용 상권
兒童舞踊 國民學校敎材用 上卷

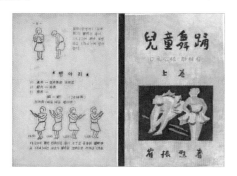

유인본. 崔振烈(著), 발행처 미상, 1950년대 후반: 18.7×12.9cm.

* 판권지 미부착 발행.

621 중학체육 (여자용)

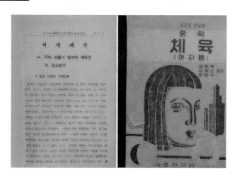

김명복·김광선·문현주(저작), 창인사(발행), 4295[1962]년1월10일: 20.6×15.0cm.

622 보건생활 1

문교부 인정필. 심태진(지은이), 대도문화사(펴낸곳), 한국초등인정교과 서주식회사(공급), 4292[1959]년3월30일: 20.8×15.0cm.

623 국민학교보건 1·2학년용

문교부 인정, 대한학도보건협회 추천. 심태진·장영완·조기환(지은이), 우성사(펴낸곳), 4289[1956]년2월15일: 20.6×14.9cm.

624 국민학교보건 3·4학년용

문교부 인정, 대한학도보건협회 추천. 심태진·장영완·조기환(지은이), 우성사(펴낸곳), 4289[1956]년2월15일: 20.8×14.8cm.

625 국민학교보건생활 3

문교부 인정필. 문화교육연구회(지은이), 계림문화사(펴낸곳), 4292[1959]년3월30일: 20.7×14.9cm.

626 국민학교**보건생활** 5

문교부 인정필. 문화교육출판사(발행), 4291[1958]년4월1일; 20.6×14.7cm.

627 국민학교**우리들의보건** 6학년용

문교부 인정. 김사달 · 민경찬 · 이병구(공저), 고시학회(발행), 문교부 인정필(4289년국민학교보건과교과서), 4289[1956]년10월10일; 20.7×14.9cm.

628 **쓰기** 1

문교부(지은이겸펴낸이), 국정교과서주식회사(되박아펴낸이), 1968년1월10일(처음 지음), 1968년3월1일(펴냄); 20.5×18.4cm.

629 **국민교육헌장** (그림책)

문교부-(지은이겸펴낸이), 문화서적공사(되박아펴낸이), 1969년6월1일(처음 지음), 1969년9월1일(펴냄); 20.9×14.9cm.

대한민국 개국 100주년을 기념하여 복간한

우리의 고전과
옛 교과서 629책

구입 안내

	교과서 발행 시기	책 수	선장 제본	비선장 제본	전집 가격	전자책
제1집	조선시대 (1446~1897)	66책	선장 64책	비선장 2책	10,428,000원	7,299,000원
제2집	대한제국기 (1897~1910)	158책	선장 96책	비선장 62책	17,732,000원	12,412,000원
제3집	일제강점기 (1910~1945)	123책	선장 26책	비선장 97책	8,534,000원	5,974,000원
제4집	해방~한국전쟁 (1945~1953)	164책			8,692,000원	6,084,000원
제5집	한국전쟁 이후 (1953~1969)	118책			4,602,000원	3,221,000원
		총 629책			49,988,000원	34,990,000원

* 이 전집은 낱권으로 판매하지 않습니다. 전집 또는 각 집별로만 구매 가능한 점을 양해해 주시기 바랍니다.

구입 문의

참빛 아카이브 홈페이지(www.oldbookskorea.net)
한국학술정보 Tel: 031-940-1111